マーケティング本を読んでもうまくいかなかった人のための小さな会社の売れる仕組み

久野高司

フォレスト出版

はじめに
「マーケティングの本を読んだけど挫折した」というあなたへ

この度は、本書を手に取っていただき誠にありがとうございます。

申し訳ありませんが、本書を読んでも最新のマーケティング理論や流行りの集客なんて1ミリも学べません。一般的な入門書で学べるような専門用語やフレームワークすらほとんど出てきません。そのような知識をお求めの方には「期待ハズレ」な1冊になってしまうので、そっと本を閉じてください。

小さな会社の売れる仕組みの「全体像と組み立ての手順」を日本一やさしく解説する、というのが本書のコンセプトです。資本力やブランド力、知名度、大きな実績や華やかな経歴、他社にはない特別な強みなんて、僕を含めて99・9%の個人事業主や中小企業にはありません。小さな会社に必要なのは、強い競合と戦わずに勝つという市場弱者の戦略にもとづいた「売れる仕組み」です。

改めまして、みんなのマーケティングの久野高司《ひさのたかし》と申します。これまで、個人事業や中小企業を中心に約3000件200業種の支援を行い、集客・売上アップ、利益率アップ、顧客層の改善などのお力添えをさせていただきました。主催する「日本一やさしいマーケティング戦略の基礎講座」は、概念的すぎる基礎理論を体系的に図解で学べるとご好評いただいております。基礎を学ぶ講座にもかかわらず、超初心者の方はもちろん、経営コンサルタントや、集客コンサルタント、有名企業のマーケターの方など、プロの方も含めて6000人以上の方にご受講いただいております。

さて、日頃、多くの事業者さまから「強みがなく差別化できない」「ニーズがわからない」「集客できない」「売れる商品が作れない」「利益率が悪い」「ホームページからの申し込みがない」「SNSで発信しても埋もれる」「何から改善すべきかわからない」と多種多様なご相談をいただきます。業種、地域、規模、利用する集客媒体もさまざまですが、実は大体どれも「根本原因」は同じです。それは、売れる仕組みを正しく組み立てるために不可欠な「マーケティング戦略思考」の基礎理解が曖昧で、仕組みとして噛み合っていないだけということです。

本を読んで基礎から勉強している方も少なくありません。しかし、マーケティングの基礎を体系的に学ぼうと本を探せば大企業のマーケティング活動を想定した本が多く、小さな会社向けの本を探せばSNS集客などの一部分のノウハウ中心の本が多いので、学んでみたけど実践できずに挫折してしまったというお声をよく聞きます。

そこで本書では

- 難しい理論や専門用語は一般語に訳し、多義的な言葉は使わない
- 難しくて使いこなせない有名フレームワークは使わない
- よくある概念的すぎてイメージしにくい理論は図解化する
- 大企業の壮大な事例ではなく、個人レベルのあるある事例で解説
- 部分的ノウハウではなく、全体の繋がり・連動がわかるように解説

時代・業種を問わず普遍的で一生使える考え方の考え方を解説

というお約束のもと、マーケティングに対して苦手意識がある方や入門書で挫折してしまった方も、ストレスなく読み進められるようにご紹介していきます。もちろん、はじめてマーケティングの本を読む方にもおすすめです。

お読みいただくことで、さまざまなところで見聞きするマーケティングの知識が頭の中で次々と繋がり、実際にビジネスの現場で役立つ実践知識として整理されていきます。

市場の強い競合と比較されずに選ばれて、集客活動や売り込みに消耗することなく、理想的なお客様に感謝されながら、利益を最大化し、中長期的に安定・継続・成長していける未来がイメージできると思います。是非、最後まで楽しみながらお読みください。

みんなのマーケティング　久野 高司

本書のコンセプト

王道理論をまったく違うアプローチから解説

改めて、本書は、市場の弱者である小さな会社が売れる仕組みを正しい手順で組み立てるための**「マーケティング戦略思考の基礎」**を日本一やさしく解説した本であると銘打っています。「市場の弱者」というのは、僕たちのような資本力、ブランド力、知名度、実績などを持たない個人事業主や中小企業を指しています。また、「やさしく」というのは「理解しやすい」「実践しやすい」「成果を出しやすい」という意味で使っています。

これからご紹介する理論は、これまで多くのマーケティング書籍で紹介されてきた王道のマーケティング理論・プロセス（R→STP→MM→I→C）に則した内容です。

しかし、そのままでは無機質で難しく、理解も実践もやさしくはありません。「お客様にとっての価値を理解し、お客様の立場に立って商売を行う」というマーケティング理論の根本部分は、事業規模の大小にかかわらず共通です。しかし個人・中小企業と大企業では、資本力、ブランド力、知名度、実績、人材、顧客データ、低コスト化など、「売れる仕組み」を組み立てる上での前提がまったく違います。

そこで、本書では個人・中小企業向けに徹底的にかみ砕き、まったく違うアプローチから、体感的に理解・納得し、実践できるようにご紹介していきます（7章で詳しく解説します）。本質的には同じことを別の切り口でご紹介するので、本書を読み終えた後で一般的なマーケティング理論が書かれた本を読むと、「ストン！」とかんたんに理解できるようになると思います。

国語や算数と同じで「基礎」が大事！

本書を一貫するメインテーマは、マーケティング戦略思考の「**基礎**」です。ここでいう「基礎」というのは、「入門」という意味だけではなく「物事の土台」という意味です。

国語や算数と同じように、マーケティング戦略も基礎が大事です。基礎が曖昧で土台が不安定だと、失敗しやすく、積み上げるのが困難になります。足し算や引き算の理解が曖昧なのに、因数分解を勉強してもわからないですよね。

マーケティングも同じです。時代・業種・地域を問わず、すべての商売に共通するマーケティング戦略思考の基礎理解が曖昧なら、「売れる仕組み」を組み立てても噛み合わず、空回りしてしまいます。

世の中には……

- 営業・販売
- デザイン
- ブランディング
- キャッチコピー
- ライティング

- SEO対策
- メルマガ
- ライン公式アカウント
- SNS活用
- ウェブ広告
- プラットフォーム攻略

など時代や業種によって正解／不正解が変わるノウハウやテクニックが星の数ほどあります。いずれも、お客様に価値を伝えて、商売を成功させるために必要不可欠なマーケティング手法です（詳しくは第7章で解説しますが、営業やブランディングなども広義のマーケティング活動に含まれます）。

しかし、どんなノウハウやテクニックも、お客様視点なくして成功はありませんよね。「お客様は誰か？」「ニーズは何か？」「どんな価値を評価するか？」「お客様はどこにいて、どのように情報を得ているのか？」というような基本的なお客様の理解が

図0−1　マーケティングの基礎＝土台が大切

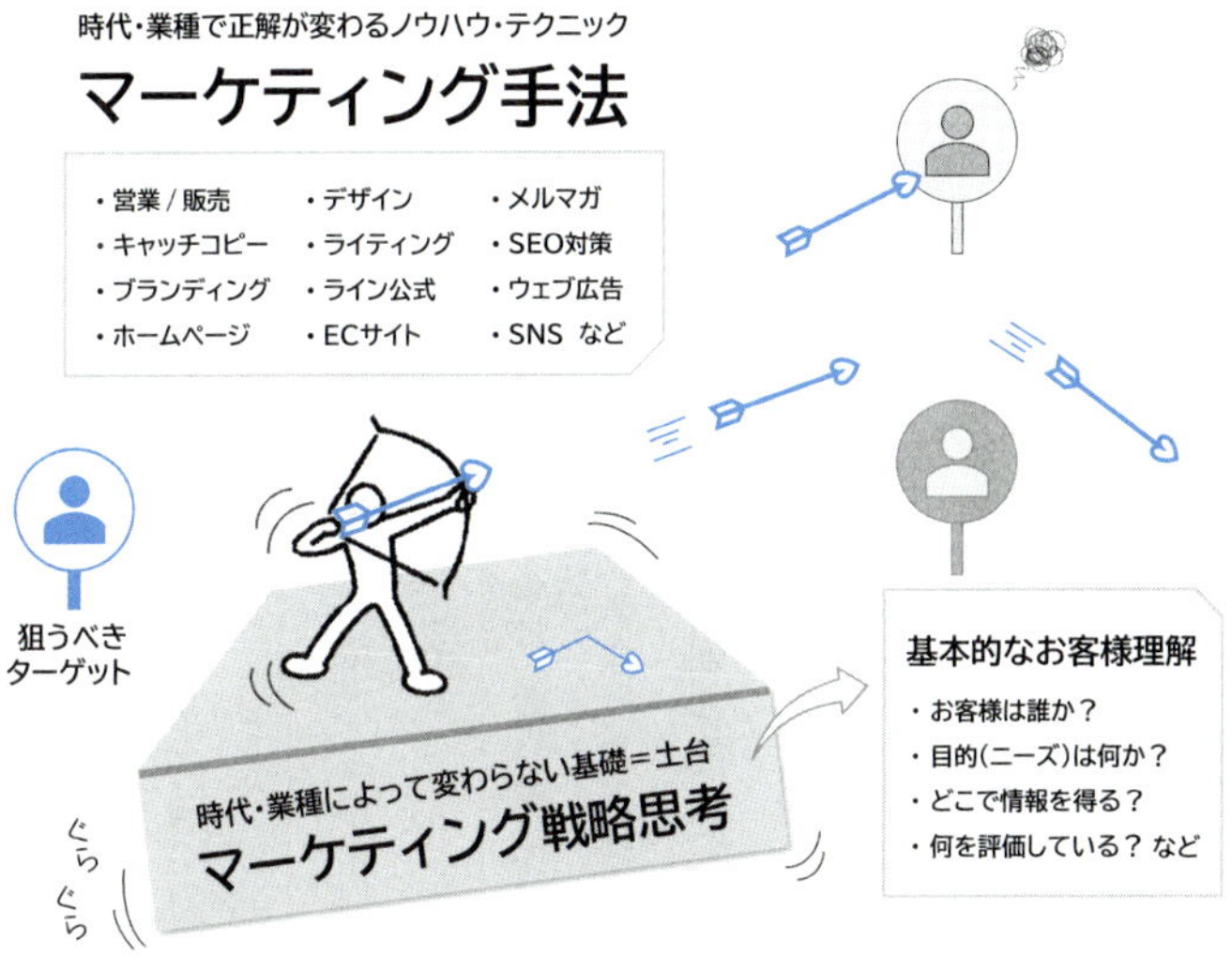

曖昧なら、不安定な土台の足場で目隠しして「的」を狙うようなものです。方向性を誤ったり、間違ったターゲットを狙ってしまったりして、なかなか成果を上げることはできません。特に、資金や時間・人手が足りない僕たち個人・中小企業の場合には、無駄打ちはできるだけ避けたいところですよね。

だからこそ、マーケティング戦略思考の基礎……つまり「お客様の立場で、戦略的に売れる仕組みを組み立てる考え方」が大切というわけです。この考え方は基本的に、時代や業種によって変わるものではなく、普遍的な内容です。一度体系的に知ってしまえば、時代が変わっても業種が変わっても一生使えます。

強みが活きる理想的なお客様が集まり、集客の課題が改善され、信頼されながら売り込みなしで売れて、利益を最大化していくためのヒントが詰まっているので、最後まで楽しみながら読んでください。

また、読み進めながら「アイデア」や「改善点」がザクザク出てくると思います。少し面倒でも、気づいたアイデアや改善点は都度メモしながら、読み進めていくと良いかもしれません。そしてメモしたことの横にページ数も記入しておくと、後で読み返してアイデアや改善点を精査する時に便利でおすすめです。


なお、本書では専門用語を噛み砕きすぎてしまって原形がないものもあるため「一般的なマーケティング用語だと〇〇といいます」というように用語の紐づけもしながら進めていきます。また用語を知らない方はスルーしていただいてかまいません。知っている方は「あぁ、あの話ね」と頭の中で紐づけていただければ、知識がより体系的に整理できると思いますのでご活用ください。

CONTENTS

第1章

「仕組み」の全体像と3つのルール

第2章

ルール1「戦略設計」

戦わずに勝つ市場弱者の戦略

第3章

世界一やさしいフレームワーク「戦略5原則」

第4章

「戦略5原則」の実践 強みが見つかる5つの質問

第5章

ルール2「商品設計」売り込まずに売れる商品の作り方

第6章

ルール3 マインドフローで整える「集客設計」集客の流れ

第7章

マーケティングとブランディングの関係性

第8章 事例でわかる「小さな会社の売れる仕組み」

第1章

「仕組み」の全体像と3つのルール

マーケティングを学んで実践しているのに成果が出ない方は、この章を読めばその原因と解決法がわかります。売れる仕組みの全体像と組み立て方の手順を図解で解説。時代・業種・地域を問わず普遍的な3つのルールとは？　知ってしまえば小学生でも当たり前に感じる内容ばかりです。

マーケティング戦略思考の基礎は小学生でもわかる

「マーケティング」なんて言葉を使うと、「難しそう……」「理解できるか心配……」と、苦手意識を持つ方も多いのではないでしょうか？

本書を手にしている方の中には、すでに入門書を読んだりマーケティング関連のセミナーや研修に参加したり、YouTubeやユーデミーなどのオンラインの教材で勉強したりしている方もいらっしゃるかと思います。

マーケティングを学ぶ中で、こんな風に思ったことはありませんか？

- 専門用語や英語の略語が覚えられない
- 人や本によって解釈が違って混乱する

- フレームワークを学んでも日々の業務で使えない
- 大企業の壮大な事例が多く、参考にしにくい
- 一つひとつの理論やツールの関連性がわからない

これらは、僕のマーケティングのセミナーや研修を受けてくださる多くの受講者から日々いただく感想です。そしてまた、マーケティングを学び始めた当時の僕自身も感じていたことです。

マーケティング理論の中には、実践どころか「そもそも理解することすら難しい！」という、広く深い専門的な領域が数多くあります。

しかしそれは、

- ウェブ広告を運用してみよう
- X（旧ツイッター）でフォロワーを増やそう
- インスタグラムのリールでリーチ数を伸ばそう
- ワードプレスでホームページを作ろう

- クラリティでヒートマップを確認しよう
- ビッグデータとＡＩを活用して市場動向を探ろう

というような、何らかのマーケティングツールを使おうとしたときに、その「ツール」側にある場合がほとんどなんです。

それらを上手に組み合わせて活用し、成果を出すための「土台」であるマーケティング戦略思考の基礎には、専門家しか理解できないような難しい話なんて1つも必要ありません。

よくある英語の略語や専門用語、複雑で無機質なフレームワークを使わず、曖昧な概念を図解化してしまえば、驚くほどシンプルなんです。

日常を生きる僕たちは、売り手（事業者）であると同時に買い手（お客様）でもあります。知らなければ意識するのは難しいですが、お客様の立場に立ち返って、一度理解してしまえば、10歳の小学生でも、「そりゃそうだよね！　当たり前だね！」と思える内容ばかりなんです。

とはいえ、そんな「当たり前の内容」であっても、売り手と買い手は立ち位置が違

図1−1　売り手と買い手は見え方が違う

立ち位置（視点）が変われば
同じものでも見え方が変わる

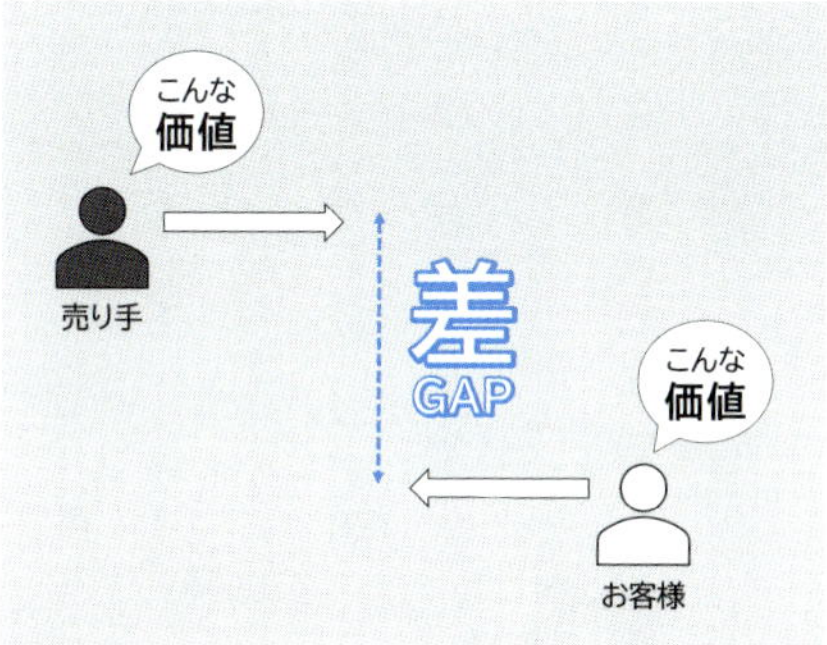

価値を伝える側の「売り手」と、価値を受け取る側の
「お客様」には常に越えられない視点の差（ギャップ）がある

いも違えば、目線も違います。意識しなければ売り手の立場になった瞬間すべてを忘れてしまうので、マーケティングのプロであっても、お客様の立場で考えるのはかんたんではありません。

そこで本書では、たびたび**お客様の目線に立ち返って考えていただく問いかけ**を投げかけつつ、自分事に置き換えていただきながら、体感的に理解できるように解説を進めていきます。問いかけが出てきたら、少しだけでいいのであなた自身の経験も思い返しながら読み進めてください。

全業種共通！　売れる仕組みを構成する「3つのルール」

では、ここからは具体的に**「小さな会社の売れる仕組み」**の全体像と組み立て方の手順をご紹介していきます。

繰り返しになりますが、難しい話はひとつもありません。知らなければ、意識するのは難しいですが、一度知ってしまえば「当たり前」に感じることばかりなので、安心して読み進めてください。

実は、売れる仕組みの全体像と組み立て方には、時代・業種・地域によって変わることのない普遍的な「3つのルール」があります。ここでルールという言葉を使いましたが、「物事の根本的な法則性や原理原則」という意図で使っています。お客様が選ぶ立場にあるすべての商売は、このルールから逃れることはできません。

図1−2　普遍的な売れる仕組みの3つのルール

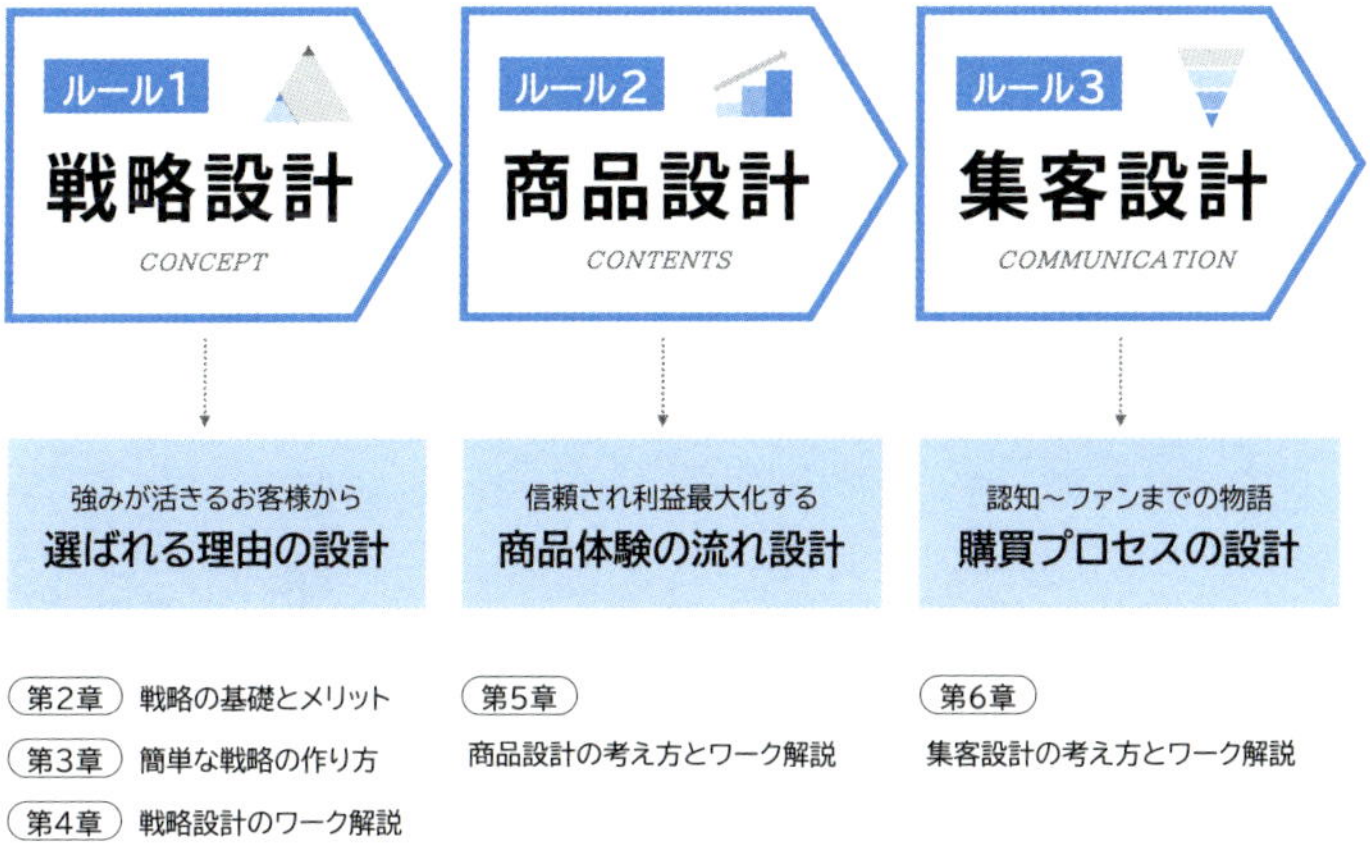

本書では、この3つのルールに沿ってご紹介をしていきます。

経営や集客についていろいろと学んだけど、全体像が曖昧で、各理論・ノウハウが繋がらずにいる方は、読んでいただくことで、全体像と組み立て方の手順が明確になって「あ、これはココの話だったのか！」「コレが足りなかったのか！」「コッチを先に考える必要があったのか！」と頭の中がみるみる整理されていきます。

詳しくは各章で解説するとして、ここでは簡単に「3つのルール」の概要をお伝えしておきます。普遍的な当たり前な理論を整理して分かりやすく体系化しているので、どこかで聞いたことのある内容が多いと思います。

ルール１「戦略設計」選ばれる理由が必要

３つのルールの中でも一番重要な「選ばれる理由」＝差別化コンセプトをつくる領域のお話です。

当たり前ですが、お客様は要るモノは要るし、要らないモノは要りません。要るモノであったとしても、あなたと似たような商品・サービスを売っている競合・ライバルが無数にいます。ですから、明確な「選ばれる理由」がなければ、ＳＮＳや営業や広告を一生懸命頑張っても選ばれる確率が大きく下がります。

選ぶのはお客様です。

競合・ライバルもあなたと同じように、もしくはあなた以上に資金・人材・時間を注《つ》ぎ込み頑張っているので、真っ向勝負すると、基本的には資本力・ブランド力のある強い競合が勝ちます。

だからこそ、お客様が思い浮かべる選択肢の中で「あなたから買いたい！」とか「この商品がわたしにピッタリ！」と思ってもらえるような、明確な「選ばれる理由」をつくらなければ、どんなマーケティング活動をしても効果が薄くなり、期待した成果がなく、あなた自身が消耗します。

ちなみに、ターゲット、ペルソナ、差別化、差異化、コンセプト、ＵＳＰ、バリュープロポジション、ポジショニング、３Ｃ分析、ＳＷＯＴ分析みたいな用語が出てきたら、この領域の話と思っていただければＯＫです。詳しくは、第２章から第４章でご紹介します。

ルール２「商品設計」商品体験の流れ

２つ目のルールは、「商品・サービス」の領域のお話です。

こちらも当たり前ですが、どれだけ素晴らしい選ばれる理由のある差別化コンセプトができたとしても、お客様が選んだり買ったり使ったりして価値を体感できる「商品・サービス」に落とし込まれていなければ、お客様は買えませんよね。

さらにいえば、選んだり買ったり使ったりできる状態にさえなっていれば、何でも良いわけではありません。

お客様は、商品・サービスの価値を知りませんし、関心もありません。よく知らないものを、よく知らない人から買って失敗したくないのです。

だからこそ、お客様のココロの流れに合わせた「商品体験の流れ」を組み立てる必要があります。差別化コンセプトと連動して噛み合うように設計することができれば、売り込みを行わずに売れるようになっていきます。

ちなみに、無料プレゼント、リードマグネット、フロントエンド、バックエンドなどの用語が出てきたら、この領域の話と思っていただければOKです。詳しくは、第5章でご紹介します。

ルール3「集客設計」購買プロセスの流れ

3つ目のルールは、「集客・情報発信」のお話です。

しつこいくらい当たり前ですが、選ばれる理由のある素晴らしい商品があったとしても、お客様がその商品の存在を知らなければ売れません。

だからこそ、お客様のココロの流れに沿って、商品を知ってから、検討・購入し、最終的にファンになっていただくような購買プロセスの流れを組み立てることが必要です。

「戦略設計」「商品設計」に比べて、お客様にもっとも近く、売り上げに直結する活動なので、多くの方の関心が強い集客・情報発信の領域ですね。

重要な領域ですが、お客様に対して商売を設計して、整えて、お披露目する場面ではじめて必要になる領域です。「木を見て森を見ず」にならずに、全体を整えることではじめて「売れる仕組み」として噛み合い回るという重要性を、本書でお伝えできれば幸いです。

ちなみに、SNS、SEO、MEO、ウェブ広告、プロモーション、マーケティング・ファネル、AIDMA《アイドマ》、AISAS《アイサス》、コピーライティング、営業セールスなどの用語はすべて、この領域の話です。詳しくは第6章でご紹介します。

売れる仕組みで失敗しないための2つの重要ポイント

この3つのルールはすべて繋《つな》がって連動しているので、バラバラに考えてはいけませんが、個人・中小企業向けに全体像と組み立て方を解説した本はあまりありません。全体像がわかる本は、確かに存在しますが、大企業のマーケティング活動を想定したものが多く、難しい高度な理論や小規模事業では参考にしにくい壮大な事例で難しく書かれた本がほとんどです。

一方で、個人・中小企業向けにわかりやすく書かれたマーケティングの本は、一部分的な集客ツール・手法・テクニックに関する内容が多くなります。わかりやすく実践的な紹介をする上で、1つのツール・手法・テクニックにフォーカスして書くことは大切なので、良い悪いの話ではなく、事実として個人・中小企業向けに全体像をや

図1－3 「3つのルール」の2つの重要ポイント

さしく解説した本が少ないのです。

そのため、マーケティングを学んでも、「コレとコレはどう関係するの？」「このツールはいつ使うの？」「なんか噛み合わない！」「全体像がわからない」ということが起こってしまいます。

そうならないように「2つの重要なポイント」をお伝えします。

重要なポイント1 すべて同じ方向を向いている

図1－3のとおりですが、1つ目のポイントは、3つのルールが「すべて同じ方向を向いている」ということです。

ターゲットに設定したお客様から「選ばれる理由」をつくる。「選ばれる理由」に沿って商品を作る。「選ばれる理由」に沿って集客や情報発信を行うというように、すべての事業活動を一貫させることが大切です。

「わざわざ言われなくても、そんなのは当たり前だ」と思うかもしれませんが、意識せずバラバラに組み立ててしまうと、すべての事業活動を同じ方向に向けるのはかんたんではなくなります。

重要なポイント2　組み立てる順番も大事

さらに、3つのルールを「組み立てる順番」も大事です。

商品を作ったり、仕入れたりして、売るためにホームページを作って、広告を打って、チラシをまいてといろいろやっているのに、「ターゲットが決まっていません」というのは、おかしいですよね。でも、僕が支援してきた方々を見ていると、そういう事業者はとても多いのです。

ターゲットが具体的に決まっているからこそ、その人の課題・困りごとが見えてきます。課題・困りごとが見えたら、それを解決するために商品を作って、その課題・困りごとがある人に商品があることを伝えると売れるわけです。この順番で考えるのが一番合理的で無駄がありませんので、本書ではこの順番に沿って解説していきます。

これからご紹介する3つのルール一つひとつの中にも、時代・業種・地域によって変わることはなく、普遍的な考え方があります。できるだけわかりやすく体感的に理解できるように、身近な例を使い、図解を多用してご紹介していきますので、あなたの事業にお役立ていただければ幸いです。

まとめ　第1章コレだけはおさえておこう！

- マーケティングの基礎に難しい理論や用語は1つも必要ない。お客様の立場に立ち返ることさえできれば10歳の小学生でも当たり前に感じることばかり
- 売れる仕組みの3つのルール「戦略設計」「商品設計」「集客設計」はどんな商売でも共通
- 3つのルールすべてを同じ方向に向けて順番どおり組み立てることで、初めて仕組みとして回り出す

第2章

ルール1
「戦略設計」戦わずに勝つ市場弱者の戦略

資本力・ブランド力のない個人事業や中小企業にこそ「戦略」の考え方が重要です。利益率を圧迫し事業の寿命を縮める「戦略なきマーケティング」と強い競合と比較されず選ばれる「戦略的マーケティング」の違いとは? 概念的すぎて、曖昧に理解しがちな「戦略」の考え方を図解解説します。

市場弱者のマーケティングは戦略が9割

ここからは1つ目のルール「戦略設計」についてご紹介していきます。

例えば、市場にニーズが明確に存在しているのに、競合・ライバルがいない独占状態があり、その状態がずっと続いていくとしたら、わざわざマーケティング戦略思考なんて考える必要はないかもしれません。

でも実際には、どんな市場でも強い競合・ライバルがいますよね。経営を行う上で優位になる資源を豊富に持った強いライバルも多いでしょう。例えば、知名度や実績、安く提供できる仕組み、販促やPRに使える資金、好立地の店舗展開、優秀な人材、SNS上の濃いファン、SEOの検索上位などです。

僕たち市場の弱者は、そのような強い競合と真っ向勝負したら負けてしまいます。

図2−1　市場競争のイメージ（強い競合には勝てない）

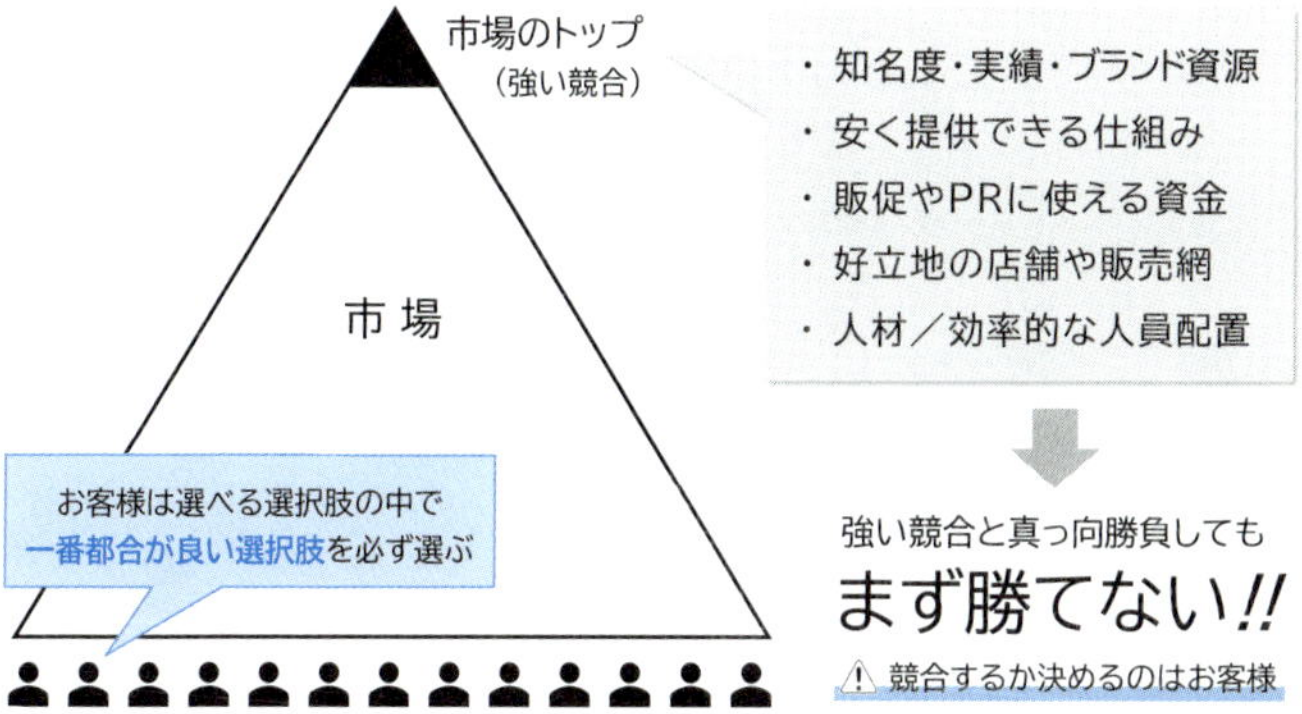

ここでいう「負ける」というのは、直接的な勝ち負けではなく、「お客様から選ばれない」という意味です。

お客様は一番都合の良い選択肢を選ぶ

どの商品・サービスを選ぶかはすべてお客様に決める権利があります。悩んで、迷って、探して、調べて、比べて、購入して、利用するのはいつでもお客様だからです。当たり前ですね。だからこそ、お客様の立場になって商売を設計し、実践するマーケティング戦略思考が大切です。

では、お客様は何を考え、どのような基準で商品・サービスを選んでいるのでしょうか？

実は、お客様が商品・サービスを選ぶ際の「基準」というのは、基本的には1つしかありません。冗談みたいですが、時代・業種・地域を問わず、本当にたった1つだけです。

細分化していくと、「うまい！」「やすい！」「近い！」「知り合いだから！」「有名だから！」「友達のオススメだから！」と無限にありますが、最終的に行きつく先はたった1つです。

それは何かというと、**「そのお客様にとって一番都合が良いかどうか」**です。

お客様はどんなときでも必ず「選ぶことができる選択肢の中で一番都合の良い選択肢」を選びます。

なぜか？　お客様が選べるからです。

例えば、「同じような商品」を「同じような条件」で購入する場合を考えてみましょう。あなたなら「高いお店」と「安いお店」のどちらから買いたいですか？　同じような条件なら、きっと「安いお店」が良いですよね。
では、「同じような商品」を、「同じような価格」で買う場合ならどうでしょうか？　同じような価格なら、別の選択肢よりも「近い」「便利」「有名で安心」「保証が良い」「お店がキレイ」といった「より良い条件」で買いたくないですか？

そのような「より良い条件」「より安い価格」を高いレベルで実現できるのは誰かといえば、やっぱり市場の強い競合になります。つまり何がいいたいかというと、市場の強い競合と同じように商売を設計し同じように頑張って真っ向勝負しても勝てっこないということです。

強制的に比べられて知らない間に負ける

このような話をすると、

「うちは独自の技術があって……」
「これは他にはない素材だから……」
「老舗で伝統があるから……」

だから「あの会社は競合じゃないです!!」と、多くの事業者さんがおっしゃいます。
しかしそれは、売り手目線に陥ってしまっています。競合するかどうか決めるのは、売り手ではなく「お客様」だからです。

どれだけ「あの会社とは違う！」「うちの製品は特別！」と思ったところで、お客様が商品・サービスを選ぶ際に、強い競合と比べているのなら、残念ながら競合になります。

「このお客様を狙おう！」「理想的なお客様はこんな人！」というように、ターゲットの設定だけは僕たち売り手のさじ加減で一方的に決めることができます。

しかし、その狙ったお客様が「どこと比べているか？」までは、売り手が決めることはできません。つまり、競合というものは、僕たち売り手が設定できる類の話ではないということです。

そういったことを知らずに事業を行うと、強制的に強い競合と比べられて、知らない間に負けてしまいます。

その結果、「チラシを撒いて、YouTubeを頑張って、ＳＮＳやブログを更新して、時間を使い、人手を使い、お金を使って、これ以上ないくらい頑張っているのに、なんでかわからないけどお客様が来ない！」という状態に陥ってしまうのです。

こうした状態のことを、僕は**「戦略なきマーケティング活動」**と呼んでいます。

戦略なきマーケティング活動とは？

戦略なきマーケティング活動とは、努力が空回りし、成果が出ない状態です。利益率を圧迫し、組織力を低下させ、事業の寿命を縮めてしまう危険な状態です。

具体的に、どのようなデメリットがあるか考えてみましょう。

- 営業
- ビジネス交流会
- 展示会へ出展
- ポスティング

- ブログ
- メルマガ
- ライン公式アカウント
- インスタグラムなどのSNS
- ウェブ／紙面の広告
- 販売ページ（ランディングページ）
- 集客プラットフォーム

などなど、お客様に価値を伝えて、購入していただくために、時間、資金、人手を費やして、プロモーション活動を頑張っていきますよね。

しかし、頑張っているのは自分たちだけではありません。市場の中にいる他の競合もみんな頑張っています。

もちろん、資本力やブランド力のある強い競合も、僕たち以上に資源を投入して頑張っています。

図2－2　戦略なきマーケティング活動のイメージ

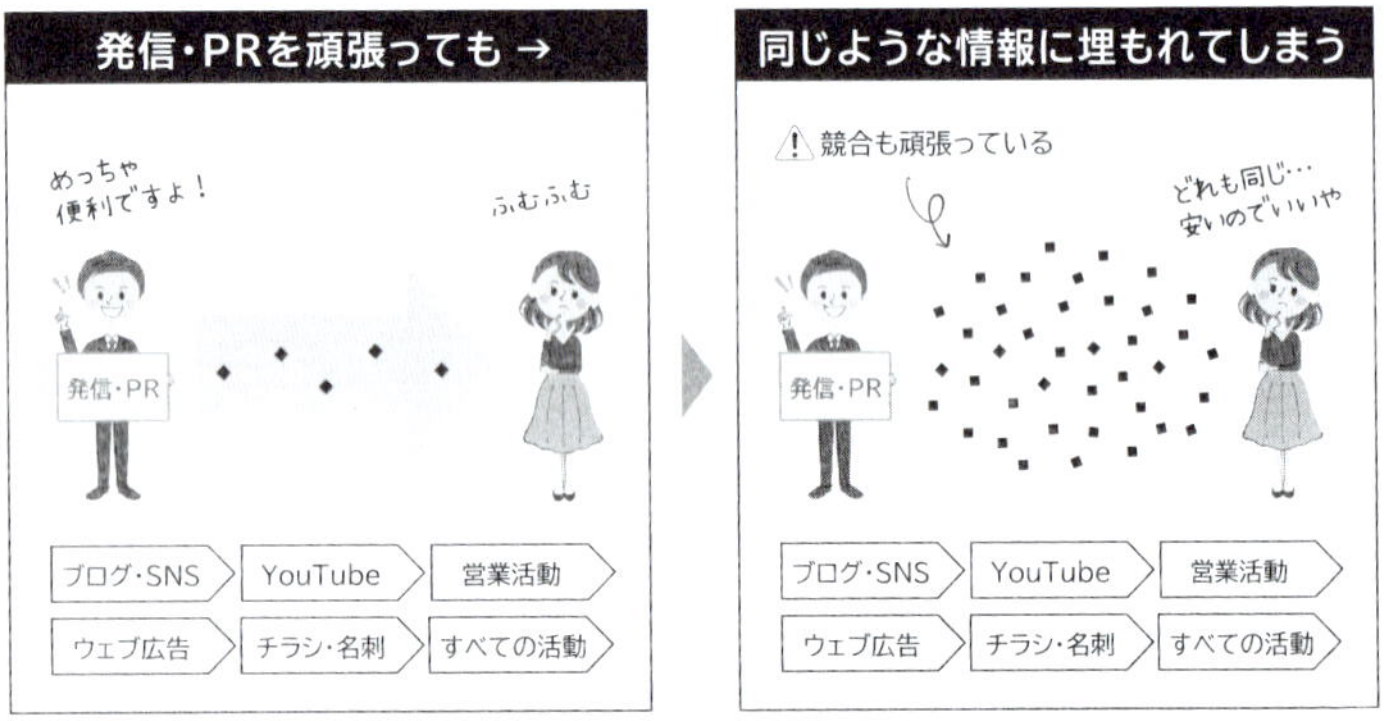

どんな情報発信の手法、ツール、媒体を利用しても、常に情報洪水で同じような情報が溢《あふ》れかえっています。

売り手の目線でどれだけ「あの会社とは違う！」「うちの製品は特別！」と思ったところで、お客様から見たときに「選ぶ明確な理由」がなければ、どれも同じに見えて、図のように埋もれてしまいます。

例えば、あなたが何かしらの商品を選んでいるときを思い出してみてください。

いくつかの競合商品を比べてみた結果「何が違うの？　どれも同じじゃないの？」と思ったらどうしますか？　おそらく、

- 安いところでいいか
- いつものでいいか
- 有名なところでいいか
- 評価が高いところでいいか

というように、「じゃあ、〇〇でいいか」と無難な商品・サービスを選びますよね。

選ぶ明確な理由がない状況下で一斉に比べられると、基本的に資本力、知名度・実績などがある強い競合が勝ちます。

戦略なきマーケティングの5つのデメリット

では、このような「戦略なきマーケティングの状態」では、具体的にどんな経営上のデメリットがあるのでしょうか。例を挙げてみましょう。

デメリット1　集客コストが高くなり利益率を圧迫

ブログ、YouTube、広告、SNSで情報を発信しても、営業活動をしても、同じような情報に埋もれるので、頑張っても頑張っても成果に繋がらず、集客コストばかり高くなり、利益率を圧迫します。

デメリット2　軸がブレて迷う

時間、資金、人手を費やして頑張っている割に反応が薄いので、「このSNSでいいのかな?」「このキャッチコピーでいいのかな?」「この方向性でいいのかな?」と不安になり、軸がブレて迷います。

デメリット3　価格競争に陥る

お客様から見た際に「どれも同じ」なので、判断するためのわかりやすい基準が「価格だけ」になってしまいます。そのため、価格を安くしないと売れないという状態に陥ります。

デメリット4　自社に合わない顧客に消耗する

お客様から見た際に「どれも同じ」なので、自社に合わないお客様が「間違った期待」でやって来てしまい、低評価やクレームに繋《つな》がりやすくなります。自社にとってもお客様にとってもマイナスです。

デメリット5　社員満足度・組織力が低下する

そんな合わないお客様の相手をするのは、現場の社員ですよね。さらに、会社としての方向性が定まらず、社員一人ひとりも「どっちの方向に努力すれば良いか？」という方向性が定まらず、不満が蓄積し、組織力低下にも繋がります。

このように、さまざまなデメリットがあちらこちらで起こります。こうした状態を避けるために必要不可欠な考え方が、これからご紹介する「戦略」の考え方です。

戦略とは努力の選択と集中

「戦略」というと、少し難しく感じるかもしれませんが、考え方自体は非常にシンプルです。

世の中には経営戦略、ウェブ戦略、採用戦略、財務戦略など「〇〇戦略」と名のつくものは無数にありますが、基本的に考え方はすべて同じです。

できることすべてに100%全力投球できれば良いかもしれませんが、現実は時間も資金も人手も有限です。すべての事柄に100%の全力投球はできません。

ですから、あえて「やらないこと」を決めて、成果が出やすいことを選択し、そこに時間、資金、人手、すべての努力を集中しよう！　という考え方のことを戦略といいます。「選択と集中」とも呼ばれています。

マーケティング活動の「戦略」の場合も同じです。「すべてのお客様のすべてのニーズには応えられないから、強みが活きる理想的なお客様に向けて商売を組み立てること！」と、理解していただければ十分です。

この戦略の考え方を上手に活用すると、同じ市場の強い競合と「比べられることなく選ばれる状態」をつくることができます。

戦略を構築する際にはさまざまな理論、フレームワーク、分析手法がありますが、ここでは**「3つの要素を特定」**するだけというシンプルな考え方をご紹介していきましょう。

「3つの要素」の特定で小さな市場のトップになる

3つの要素というのは、以下のとおりです。

1 特定のお客様
2 特定の目的(ニーズ)
3 特定の強み

マーケティングの本を読むと必ず出てくる、「ターゲットを絞る」「ニーズを把握する」「差別化・ポジショニング」と同じ意味です。

この3つの要素が特定されると、強い競合と「比べられることなく」選ばれる状態をつくることができます。

イメージしにくいと思いますので、「美容室の市場」を例に考えてみましょう。

美容室は新規参入も多く、店舗数は過去最高になっているそうです。その反面、1年以内に閉店するサロンは60％、3年以内だと90％、10年以内では95％といわれています（令和4年度 厚生労働省 衛生行政報告例より）。

競争過多の市場の中で、QBハウスのように資本力もありつつ、コンセプトも鋭い美容室が増えてきました。戦略なくこのような競争力のある強い競合と真っ向勝負しても勝てっこありません。

だからこそ、3つの要素を特定して、戦略的に事業を行うことが重要です。

少し極端な例ではありますが、わかりやすく「車いす専用の美容室」という架空の事業で考えてみましょう。

「1 特定のお客様」とは、もちろん「車いすのお客様」です。

図2−3　車いす専用の美容室の例

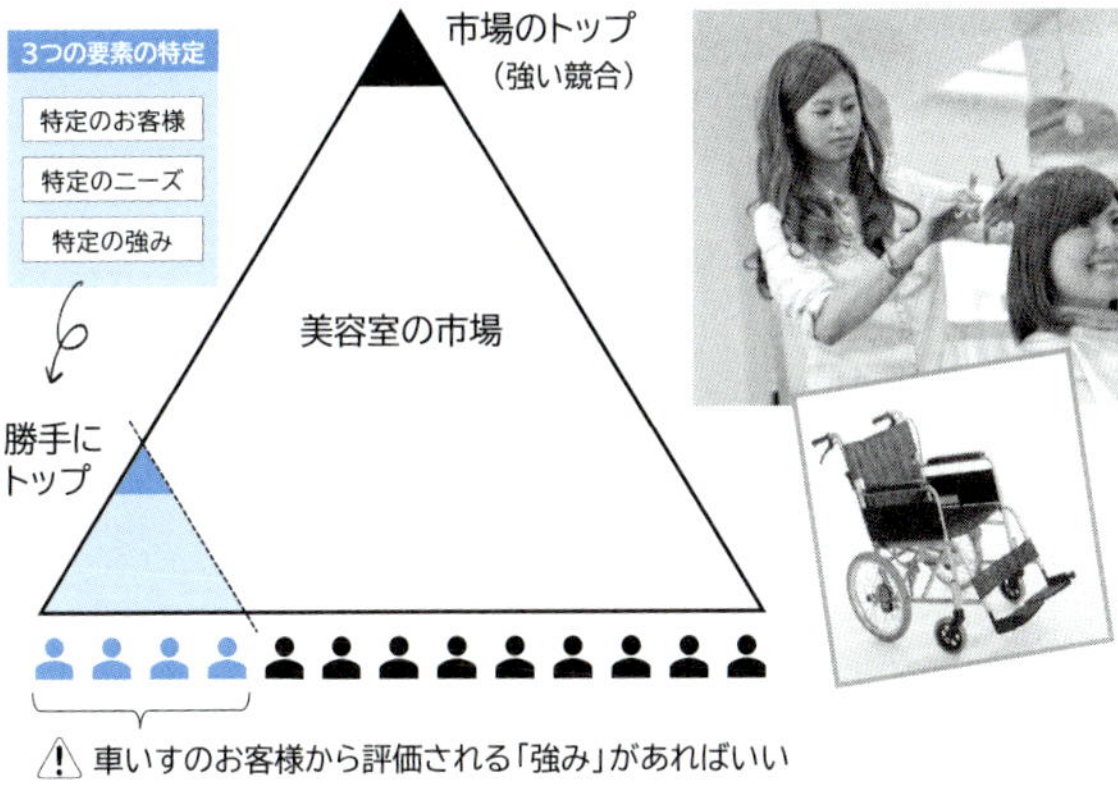

「2　特定の目的（ニーズ）」とは、「車いすのお客様」だからこそ抱えている課題、困りごとなどです。ここでは「車いすのまま、快適・安全に髪を切りに行く」としましょう。

「3　特定の強み」とは、「車いすのお客様」が「車いすのまま快適・安全に髪を切りに行く」際に評価してくれて、選ぶポイントになる要素です。例えば、「バリアフリー」「シャンプー台・カット台に乗り換えなくても、シャンプーやカットができる設備・技術」といったものです。

この3つの要素が特定されたときに、大きな市場のトップではなく、小さな市場のトップになります。車いすのお客様の立場から見れば、一番都合の良い選択肢なので、美容室の市場全体ではなく、市場の端っこで、強い競合と比べられることなく「勝手にトップ」になることができます。

「3つの要素」の特定は、車いすの美容室に限った話ではありません。ターゲットとして狙ったお客様が課題を解決する際に、そのお客様の頭の中にある選択肢の中で、そのお客様にとって選ぶ理由をつくるということが重要なポイントです。

お題目ではなく本当のお客様目線で

「お客様の立場になろう！　お客様の目線で考えよう！」というのは、どんなマーケティング入門書にも必ず書いてあります。それこそが、マーケティング戦略思考の一番本質の部分だからです。

しかし、言うは易く行うは難《かた》しで、「誰をお客様にするのか？」という特定ができていなければ、お客様の目線になんかなれるはずがありません。車いすのお客様と、車いすではないお客様では、商品・サービスを選ぶ際に見ているポイント、気になるポイントは違うからです。

車いすのお客様に向けて商売を設計するなら、「車いすのお客様の立場・目線で」

すべてのマーケティング活動を組み立てる必要があるということです。当たり前ですが、これはなかなか難しいのです。

さて、特定のお客様から選ばれる明確な理由があり、小さな市場の中で小さな一番が取れている状態のことを、僕は「戦略的なマーケティング活動」と呼んでいます。そしてこれこそが、資本力・ブランド力のない僕たち市場弱者が「売れる仕組み」を組み立てる上で一番重要になる考え方です。

戦略的なマーケティング活動

48ページで、「戦略なきマーケティング活動」の状態は選ばれる明確な理由がなく、お客様から見た際に「何が違うの？　どれも同じじゃないの？」と埋もれてしまい、さまざまなデメリットがあることをお伝えしました。

では、「戦略的なマーケティング活動」の場合はどうでしょうか？

さまざまな手法・ツール・媒体を利用してプロモーション活動を行うのは同じですが、小さな市場であっても一番は目立ちます。誰にとって、どう都合が良いかがわかりやすくなるので、埋もれることも格段に少なくなります。

さらに最近では、お客様は検索して情報を探すことも多いので、少ない発信でも見つけてもらいやすく、選んでもらいやすくなります。

図2－4　戦略的なマーケティング活動のイメージ

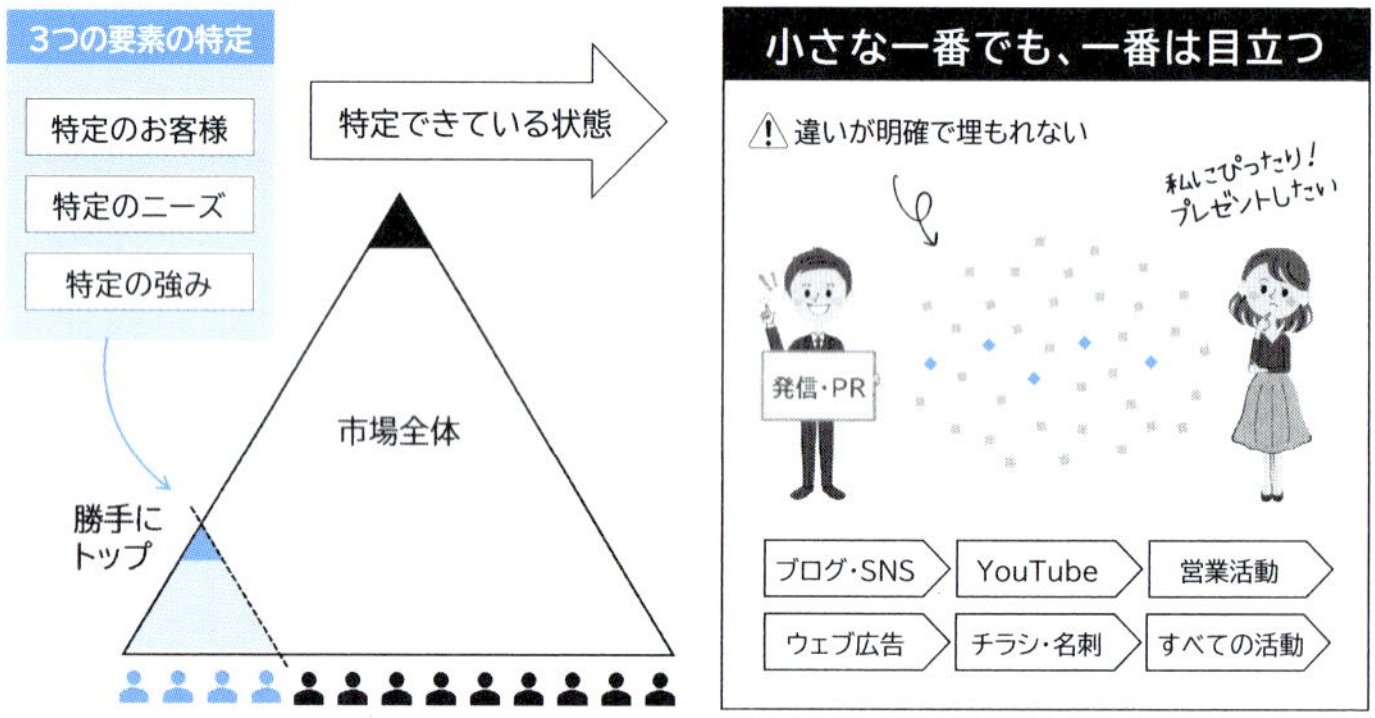

先ほどの車いす専門の美容室の場合で考えてみましょう。「誰にとって、どう良いサービスなのか」が明快なので、一般的な美容室がSNSやYouTube、広告を行うよりも情報が際立ち、見つけてもらえそうですね。

仮に、自分には必要がないものであっても、必要としそうな親しい友人がいたら教えてあげたくなりますよね。ありふれたサービスではなく、尖《とが》ったサービスなので、話題にもなりやすく、テレビや雑誌などのメディアから取材のオファーもあるかもしれません。

では、このような「戦略的なマーケティングの状態」では、具体的にどんな経営上のメリットがあるか、先ほどのように例を挙げてみましょう。

メリット1　集客コストが下がり利益率が向上する

ターゲットの悩みに対して価値があることが明確に伝わるので、ブログやSNSでの情報発信や、営業、広告などでの反応が変わります。集客に必要なコストが削減されるので、利益率が向上します。

メリット2　軸が強固になり、方向性に自信が持てる

情報発信を頑張ったら頑張った分、反応が返ってくるようになるので、「この方向性で良かったんだ!」と自信が湧いてきて、軸が固まり、商売が楽しくなります。確かな手応えを得て、強いやりがいを感じるようになります。

メリット3　価格が多少高くても選ばれる

選ぶ基準がなく「価格が安いから購入した」というお客様ではなく、「コレが一番都合が良かったから買った」というお客様が購入されます。価格以外で選ばれるようになり、価格競争から抜け出すことができます。また、価値が適切に伝わることで、今より高い価格に設定しても、売れるようになります。

メリット4　理想的なお客様が中心になる

合わないお客様が来なくなり、強みが活きる理想的なお客様中心になります。

なぜならお客様は、「選べる選択肢の中で一番都合の良い選択肢を選ぶから」です。

ココは自分にとって都合が良くないな、合わないな！　と思ったら、わざわざ時間とお金をかけてまで失敗しにくるお客様はいません。

例えば「車いす専門の美容室」という看板を掲げていたら、車いすではない方はそうそう入ってきませんよね。

メリット5　社員満足度・組織力が向上する

組織の場合、信頼し感謝される理想的なお客様が増えていくと、「どの方向に努力すれば良いか」が明確になります。その結果、現場の社員は働きやすくなり、社員満足度や組織力の向上に繋がります。

これらは一例ですが、経営にとっては良いことだらけといえます。

戦略的に小さく勝って市場を広げる

特に、資本力やブランド力のない僕たち個人や中小企業の場合は、複数の事業を同時に成長させていくことは至難の業です。どの事業も同じように頑張ってしまい、どれも中途半端になってしまうケースは少なくありません。

戦略的にマーケティング活動を行う場合、合わないお客様はあえて狙わず、強みが活きるお客様を「選択」し、そのお客様に対して、すべての努力の方向性を「集中」させることが大切になります。

それは時に、お客様になってくれたかもしれない人を切り捨て、売り上げのチャンスを狭めることにもなるので、怖い決断かもしれません。

図2－5　戦略的に事業を行えば市場は広げられる

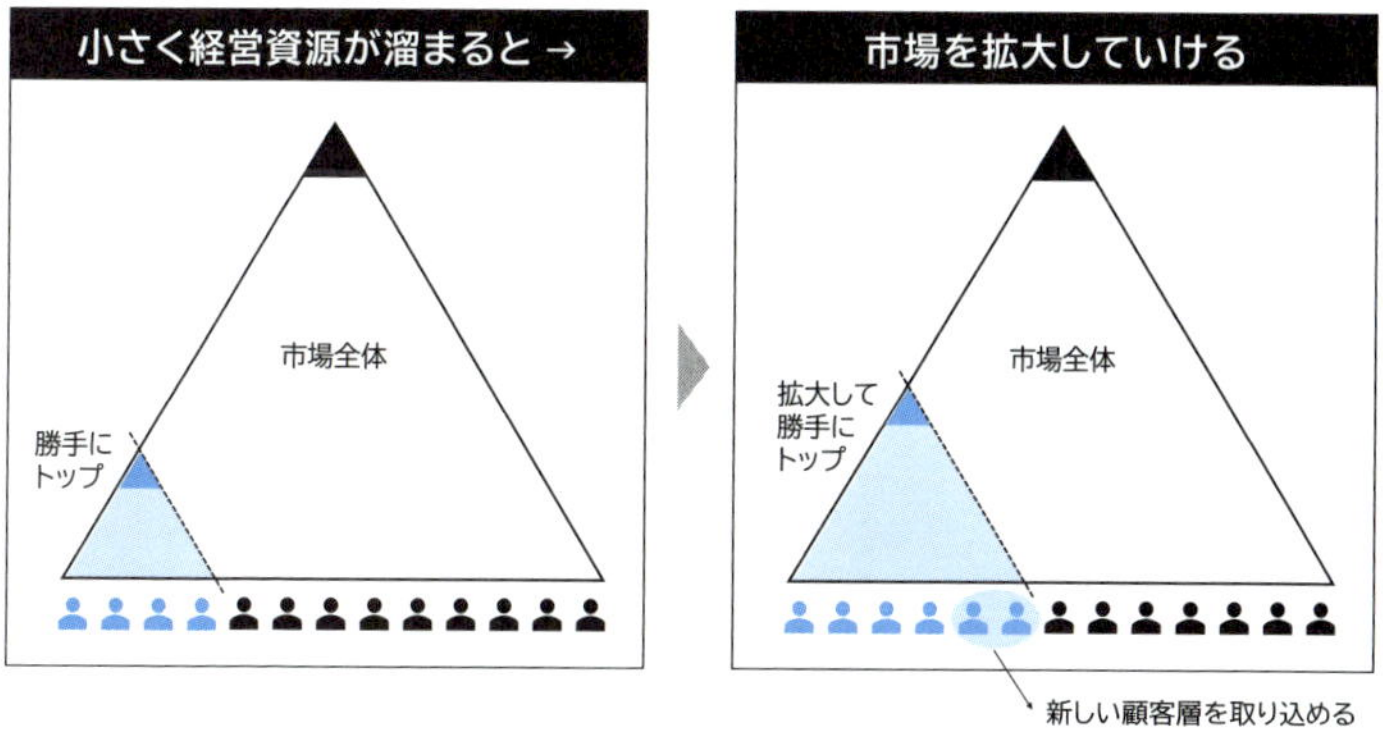

しかし、小さく勝って選ばれることで、小さく着実に資金、実績、クチコミ、顧客リスト、業務ノウハウなどの経営資源が蓄積していきます。

そうすると、さらに新しく人材を採用したり、店舗を増やしたり、新しいコンセプトで挑戦したり、事業を拡大していくことができます。

例えば、「結果にコミットする」というコンセプトで有名になったボディメイク（ダイエット）のライザップ。2024年2月時点で「チョコザップ」「英会話」「ゴルフ」「料理教室」とグループとして事業内容を広げています。

もしこれが、ライザップの知名度やブランドがなく、創業当初に複数の事業を同時に進行していたら、ここまでの快進撃はあり得なかったのではないでしょうか。まずは小さく勝って、小さく経営資源を蓄積して市場を拡大していくことが、市場弱者の戦略です。

では、ここからは、戦略を構築するための一番有名なフレームワークをご紹介していきます。

マーケティングを勉強したことがある方であれば、「STP分析」というのを聞いたことがあるかもしれません。あらゆるマーケティング入門書に出てくるあまりにも有名な理論なので、簡単にご紹介します。ただ、正直なところSTP分析は難しすぎるため、本書ではおすすめしていません。ですので興味のない方は読み飛ばしていただいて構いません。その後で、さらにやさしく考えるためのフレームワークをお伝えしていきます。

王道の「STP分析」とは？

STP分析とは、「マーケティングの神様」「近代マーケティングの父」と呼ばれるフィリップ・コトラー教授が提唱した戦略理論です。

次の3つの単語の頭文字を取ったもので、実際に3つの分析から成り立っています。

- Segmentation（セグメンテーション）→分けること
- Targeting（ターゲティング）→狙うこと
- Positioning（ポジショニング）→立ち位置を決めること

本書では、戦略を構築する方法として「3つの特定」と噛み砕いて表現してきまし

図2－6　STP分析

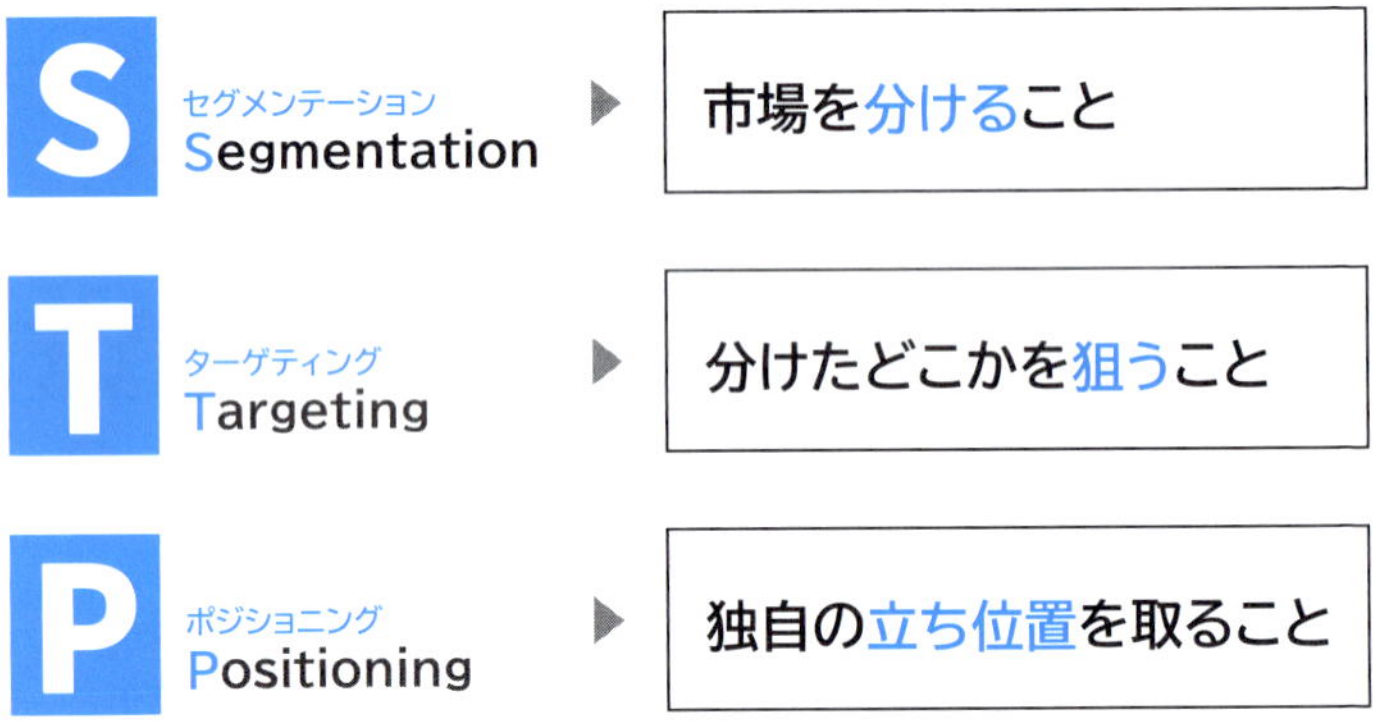

た。「見え方」は違いますが、STP分析も実はまったく同じことをやっています。ここでは、「ジュース」を販売するというお題で解説していきます。

「S」分ける……セグメンテーション

セグメンテーションとは「市場を分ける」ことを指します。

市場といっても、もちろん「ここからあっちの線まで市場ね」みたいな物理的なものではなく、お客様の集まりのことを指します。少々雑ですが、ジュース屋さんを例にすると、ジュースを買うかもしれない人達の集まりが市場くら

図2−7　セグメンテーション

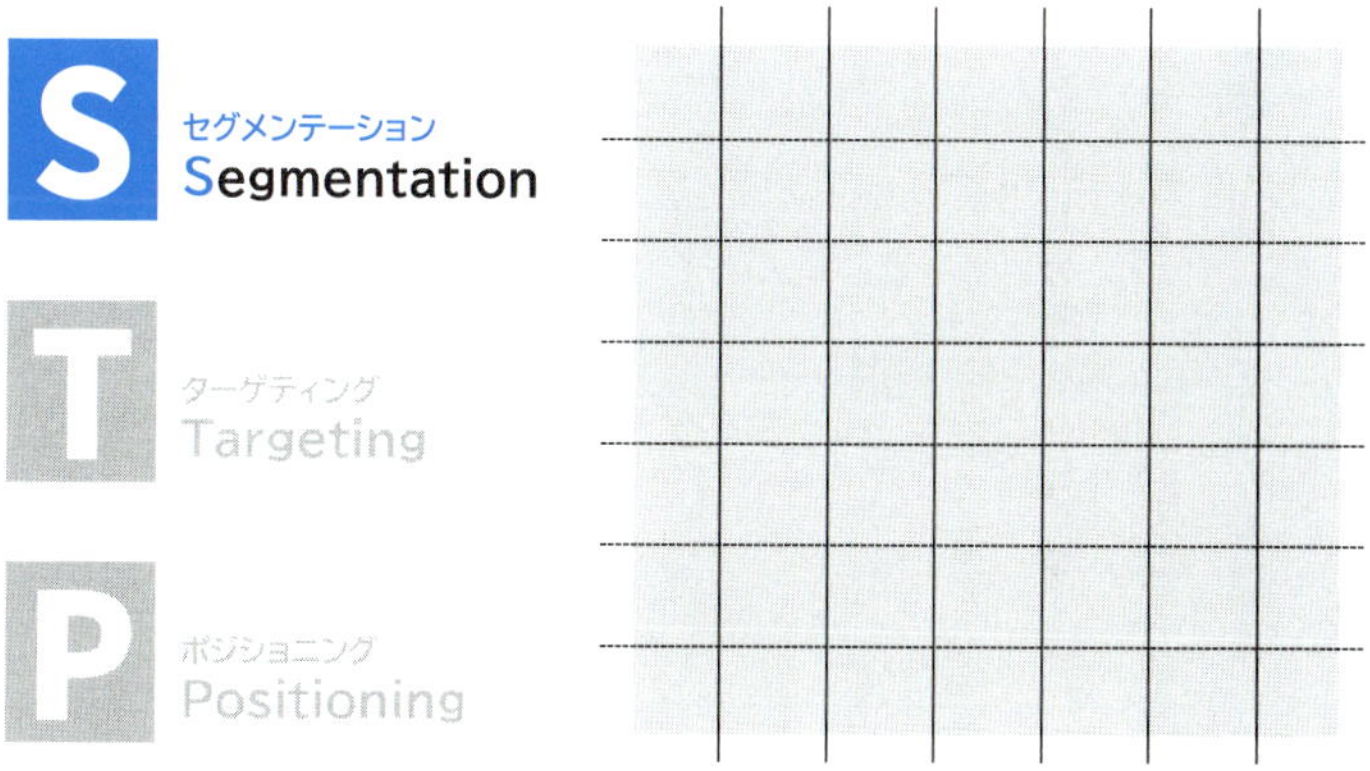

いの認識でOKです。

市場の分け方はいろいろありますが、以下のような要素でわけることがよくあります。

- 年齢
- 性別
- 居住地
- 年収
- 家族構成
- 職業
- 自動車所有
- 趣味
- ライフスタイル
- 読んでいる雑誌
- 情報取得の方法

何のためにわざわざ分けるかというと、ターゲットを絞り込み、特定したいからです。

ターゲットを特定することで、そのターゲットがジュースに対して求める具体的な価値・ニーズを特定しやすくなります。

逆にいうなら、ターゲットを特定しないなら分ける必要はありません。特定するために分けるのです。そういった意味では、セグメンテーションと次のターゲティングはセットで考えるようにしましょう。

「T」狙う……ターゲティング

次は、ターゲティングと呼ばれる内容です。

ターゲットとは「標的・的」という意味で狙う＝特定することを指します。前述のとおり、**人によって求める価値・ニーズが違う**ので、まず分けてから狙います。

例えば、ジュース屋さんを例に考えてみましょう。分かりやすさを重視した大まか

図2－8　ターゲティング

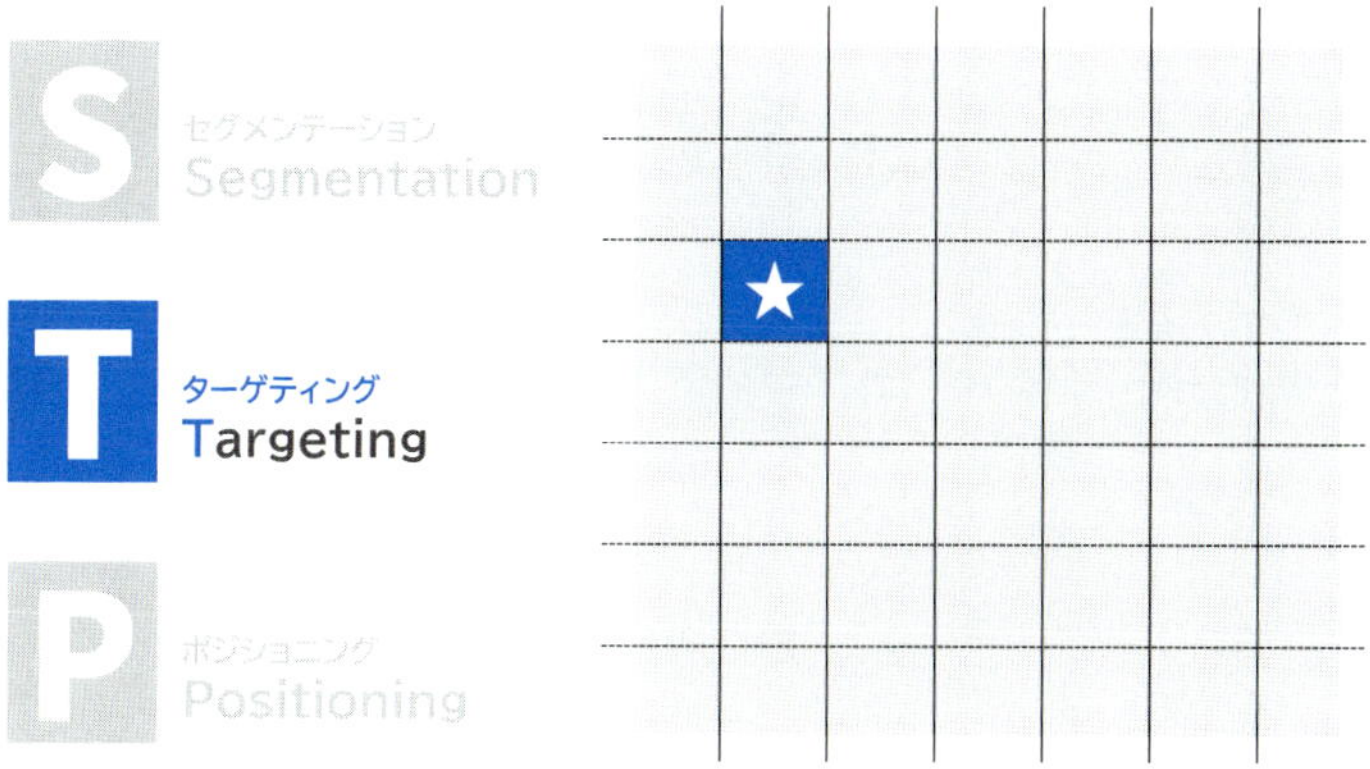

な例です。

ひとえにジュースといってもいろんな種類や特徴があります。

- とにかく安くて量が多い
- 添加物なしで健康にいい
- 1日分の野菜が摂れる
- タウリンが入っていて元気になる
- 炭酸が強くてスッキリする
- 子どもの成長を助けてくれる

などなどさまざまな種類があります。

どんなジュースでもすべての人のすべての期待に応えることはできません。そして、選ぶのは常にお客様です。だからこそ、選ばれるためには自分の強みが活きるお客様を狙うことが大切になります。これが「分けて、狙う」意味です。

「P」立ち位置を決める……ポジショニング

最後は、ポジショニングと呼ばれる内容です。

ポジショニングから視点が変わります。混乱しやすいので注意してください。

ここまでのセグメンテーション、ターゲティングは、市場全体を見る視点です。しかし、ポジショニングでは、分けて狙った「ターゲット顧客の頭の中」に視点が移ります。

引き続き、ジュース屋さんを例に考えてみましょう。先ほどのセグメンテーション、ターゲティングの結果、「健康意識が高い、3歳の子を持つお母さん」をターゲットに設定したとします。

僕も5歳の娘がいますが、子どもに添加物や砂糖が大量に入ったジュースを飲ませるのは気が引ける……という人も多いですよね。特にターゲットに設定した方のよう

図2−9　ポジショニング

に、健康意識が高い方であれば、子どものために選ぶジュースは、きっと添加物や砂糖があまり入ってない、もしくは一切入ってないジュースかもしれません。

この時、このお母さんの頭の中には、「健康的なジュース」というカテゴリーの中でもいくつかの選択肢があります。例えば、通販でオーガニックなジュースを買うとか、さらにいえばジューサーを使って自分で作るということも選択肢に入ります。

そのようないくつかの選択肢がある中で、「○○に限ってはコレが一番だよね！」という分けられた小さな市場の中の立ち位置（ポジショニング）を明確にすることで特定のお客様から選ばれやすくなります。

これがポジショニングの基本的な考え方です。

STP分析の概念自体は大して難しくはありません。しかし、実際に市場をセグメント分けしたり、ポジションを見つけたりするのは、かなり難しいです。

STP分析に限らず、マーケティングを学ぶ際、フレームワークありきで学ぶのはおすすめしません。フレームワークを埋めることはできたとしても、埋めてみた結果、多くの方が「……で？」となります。

お客様の立場になって使いこなせるのであれば良いのですが、専門的な知識やスキルがなければ、有効な戦略をつくるのは並大抵のことではないからです。

学んだところで結局プロしか使いこなせない難しいフレームワークではなく、シンプルで使いやすいものをおすすめしています。

ここから先は、マーケティングの予備知識がない方でも体感的に使えて「お客様の視点」で売れる強みを見つけやすい、独自のフレームワークをご紹介いたします。

まとめ　第2章コレだけはおさえておこう！

- 「戦略なきマーケティング」は利益率を圧迫し、組織力を低下させ、事業の寿命を縮める
- 「特定のお客様」「特定の目的（ニーズ）」「特定の強み」の3つの要素を特定すれば、強い競合と比べられずに選ばれる戦略的なマーケティング活動ができる

第 3 章

世界一やさしいフレームワーク「戦略5原則」

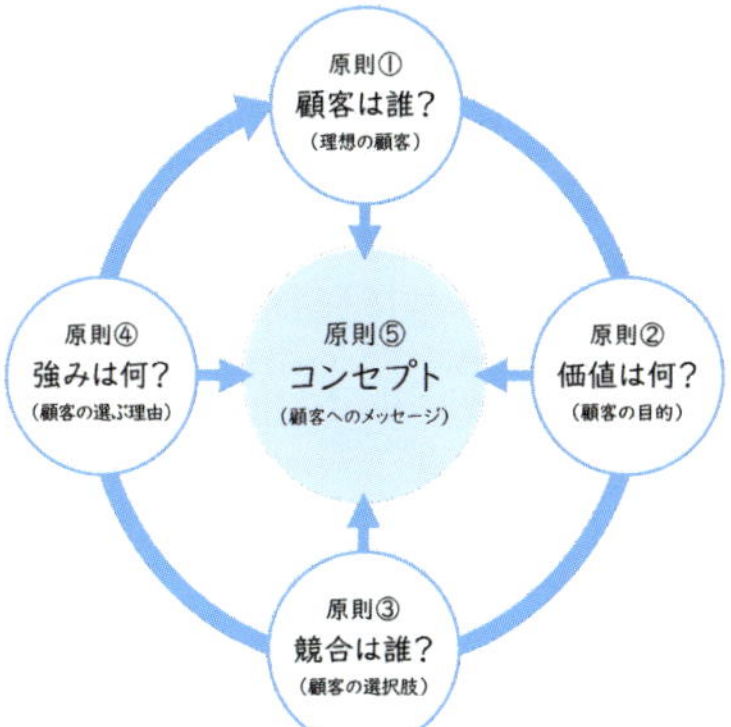

STP分析や3C分析が難しいという人にもかんたん。誰でも一目で理解できて、お客様の立場で「売れる強み」が見つかる戦略フレームワークをご紹介します。考える順番と切り口を変えるだけで、あなたの事業のターゲットとニーズと売れる強みがみるみる明確になります。

戦略5原則の基本概念の説明

ここまで第一のルールとして、小さな会社にとっての戦略の重要性と、戦略を考える上で一番有名なフレームワーク「STP分析」についてご紹介してきました。

これから紹介するのは「戦略5原則」という筆者独自の戦略フレームワークです。個人起業家・小さな会社、小さなお店は、時間も、人手も、資金も、戦略の専門知識も限られています。その中で戦略設計するために専門知識がなくても誰でも使えるフレームワークを目指し、研究と実践、試行錯誤を繰り返して考案しました。

「原則」と命名しているとおり、これは戦略を構築する際に、時代・業種・地域を問わず共通する普遍的なルール・法則性に沿ったものです。戦略5原則では5つの項目を連動して順番に考えていきます。

図3－1　戦略5原則のイメージ図

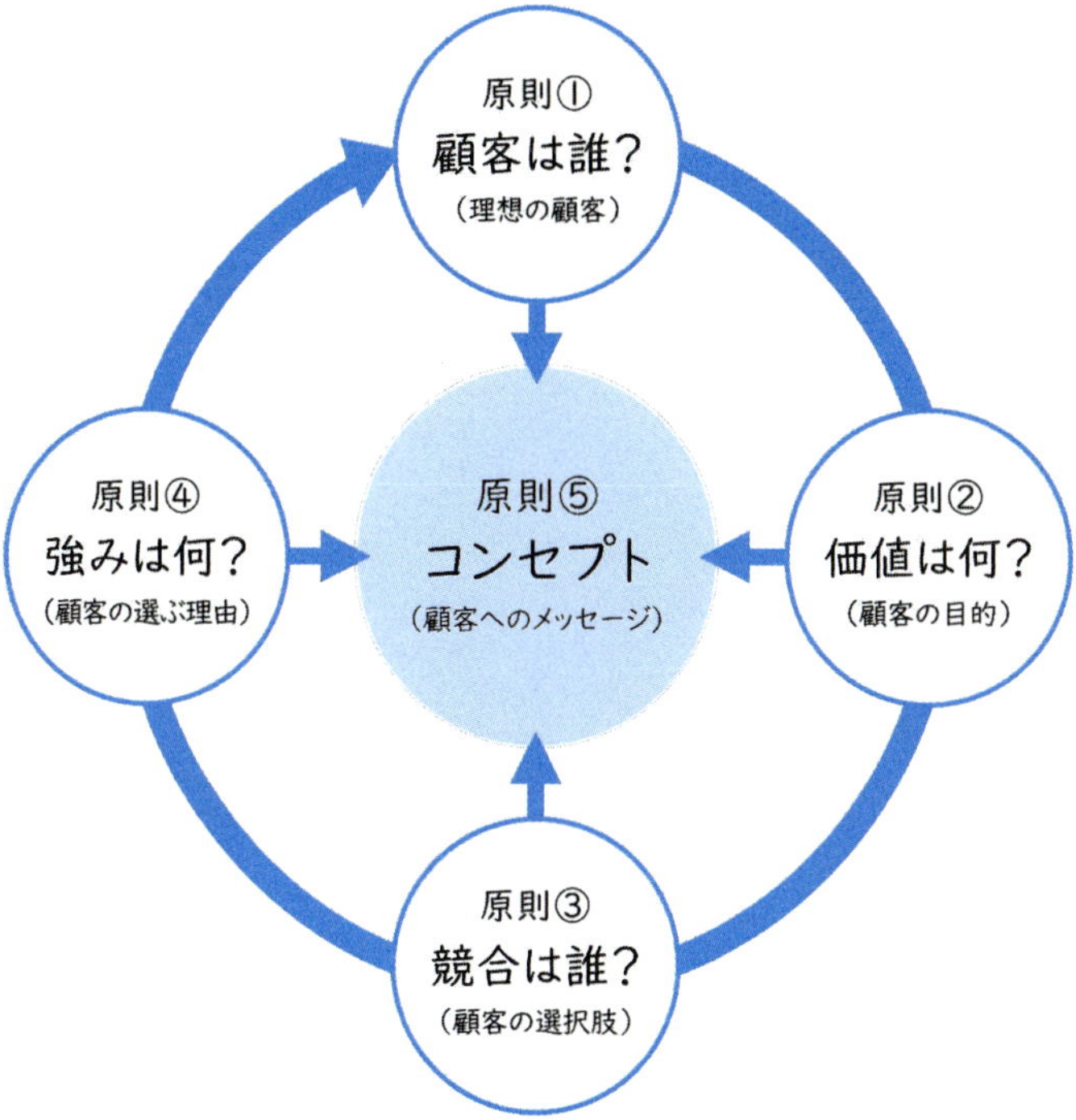

原則①　強みが活きる理想のお客様は？

原則②　①が求める価値（目的・ニーズ）は何？

原則③　①が②を求める際に選べる手段・選択肢は？

原則④　①が②を求める際に③ではなく自社を選ぶ理由は？

原則⑤　①が②を求める際に④を端的にどのように伝える？

原則① 顧客は誰か？

戦略5原則の1つ目はターゲットです。

どんな商売でも、すべてのお客様のすべてのニーズにお応えすることは不可能です。「特定の誰か」をターゲットとして定めて、選択と集中を行うことの重要性は、すべての戦略理論に共通する原則です。

戦略5原則の場合は、「セグメンテーション」や「ペルソナ」などと難しく考える必要はありません。まずはざっくり、「今までのお客様の中で一番喜んでくれたお客様は？」くらいの仮置きで決めておけばOKです。まだ顧客がいない新規事業の場合も「理想的なお客様ってどんな人？」という仮説でも構いません。

後から「ターゲット設定の精度」を上げる仕掛けがあります。

原則② 価値は何か？

戦略5原則の2つ目は、お客様のニーズと呼ばれるものです。

例えば前述の「車いす専門の美容室」を思い出してみてください。美容室に対する「一般のお客様」と「車いすのお客様」では、求めるニーズが微妙に違いますよね。ターゲットによってニーズが違うので、ターゲットが曖昧だとニーズも曖昧になります。だから、この順番にしています。

ちなみに、「ニーズ」という言葉は一般的に使われますが、いくつかの意味を含む売り手目線の無機質な言葉であり、戦略を考える際にはおすすめしません。代わりに「目的」と置き換えたほうが、頭が働きやすく、売り手目線に陥らずに済みます。

お客様は、課題の解決、欲求の充足という「目的」達成のための「手段」として、商品・サービスを選んでいるに過ぎません。お客様の目的に着目することで商品・サービスに対するお客様の本当のニーズが見えやすくなるのです。もちろん、「ニーズ」という言葉を使ったほうが、頭が働くという方は、「ニーズ」でも問題ありません。

原則③　競合は誰？

戦略5原則の3つ目に考えるべきは、お客様の選択肢です。お客様は、商品・サービスを選ぶ際には、いくつかの選択肢がある場合がほとんどです。

①のお客様が、②の目的達成の手段を選ぶ際に、①のお客様が選べる選択肢は何か？　というのが、お客様目線の本当に考えるべき競合です。

例えば、①あなたが、②オシャレ着を洗濯したい場合を考えてみてください。おそらく③近所のクリーニング屋さんA店、B店、C店と選べる範囲のクリーニング屋さんが選択肢に浮かぶと思います。もっといえば、「自宅の洗濯機でオシャレ着コースで洗濯する」ということが選択肢に入る人もいるでしょう。

何がいいたいかというと、お客様目線で考えるのであれば「買わない！　自分でやる！」ということすら競合するということです。

僕たちは、売り手目線で業界カテゴリーや商品カテゴリーの中で、ついつい「直接競合」「間接競合」と考えがちです。しかし、お客様が比べてもいない選択肢と差別化しても意味がありませんよね。

原則④　強みは何か？

戦略5原則の4つ目は「強み」です。「強み」とは、お客様から「選ばれる理由になる要素」のことです。

①のお客様が、②の目的達成の手段を選ぶ際に、③の選択肢よりも、①のお客様にとって選ぶ理由になる都合の良いポイントです。

先ほどの例を使うと、①あなたが、②オシャレ着を洗濯したい場合に、③A店、B店、C店、もしくは自宅で洗うよりも、④B店に行ったほうが都合が良かった場合、あなたはB店を選びますよね。

これがB店の強み＝選ばれる理由になる要素です。ここでいう強みとは、お客様が評価する価値なので、①のターゲットのお客様の視点で考えて整える必要があります。

選ぶ理由になる評価基準は人によって違います。商品そのものだったり、提供方法や提供者への信頼だったり、さまざまですよね。

だからこそ戦略5原則はここからが大事。グルッと一周して、原則④から原則①に戻ります。「この強みを評価するのは、本当にこのターゲットで合っているか？」もしくは「このターゲット層の中の特にどんな人か？」というように、何度も何度も原則①から原則④までグルグル回していきます。

そうすることで、仮置きで曖昧だったターゲットの精度・解像度が上がっていきます。その具体的な方法と考え方はまた後ほど解説します。

原則⑤ コンセプトは何か？

戦略5原則の5つ目は「コンセプト」です。ここまでの原則①〜④を端的に一言で表現したものがコンセプトです。

①ターゲットが↓②目的（ニーズ）を達成する際に↓③競合（別の選択肢）よりも↓④どう都合が良いか？　ということを端的に言葉にしたものです。

厳密には違いますが、USP（ユニーク・セリング・プロポジション）やブランドコンセプトに相当するものと考えていただいて問題ありません（知らない方はスルーしてください)。

このように5つの要素をこの順番に考えていくだけで、お客様の目線で、「売れる強み」=「お客様が選ぶ理由」になる要素を整理することができます。

ただ、これだけだと、まだイメージしにくいと思いますので「店舗型のカフェ」を例にもう少し具体的に考えていきましょう。

同じような立地・規模の3つの店舗型カフェ

例えば、図のように同じような立地にある、同じような規模の3つのカフェが3店舗あったとします。

- A店はビジネスマンや大学生が打ち合わせや勉強・読書に使うカフェ
- B店は小さな子連れのお母さんがママ友とランチ会に使うカフェ
- C店は本格珈琲を楽しみながらマスターと珈琲について語れるカフェ

どのカフェも「駅から徒歩5分ほどの立地」「近隣に提携駐車場」「店主と学生アルバイト2名」「テーブル、カウンターで20席」としましょう。

図3−2　同じようなカフェでも戦略が違う

・駅から徒歩5分程度
・近隣に提携駐車場あり
・店主と学生アルバイト2名
・テーブル、カウンターで20席

A店	外回りのビジネスマン・大学生が打合せや勉強、読書に使うカフェ
B店	子連れのお母さん達が、息抜きでママ友とのランチ会に使うカフェ
C店	珈琲が趣味の人が、ゆったりと本格珈琲を楽しむために使うカフェ

同じような立地にある、同じような規模のカフェであっても、A店に行きたい人はA店へ行きます。B店に行きたい人はB店へ行くし、C店に行きたい人はC店へ行きますよね。当たり前ですが、お客様が選んでいます。ではなぜ、そのお店に行くのか。それは、行く理由＝選ぶ理由があるからです。

売り手の言葉に直すなら「『選ばれる理由』があるからご来店いただいている」ということですね。その「選ばれる理由」は何なのか？　ということを、戦略5原則で整理して把握できれば、武器として使うことができます。

例えば新商品開発の参考にしたり、ホームページやSNS、チラシなど、さまざまなプロモーションで活用し、売り上げアップに役立てることが

図3－3　A4用紙1枚でシンプルな戦略5原則のワークシート

① 顧客は誰？	
② 価値は何？	
★ 何屋さん？	
③ 競合は誰？	
④ 強みは何？	
⑤ コンセプト	

⚠ 本書の解説では「原則①～④」までの表に省略します。

できます。

戦略5原則を利用する際には図3－3のように1枚の表にして整理していくと便利です。表の見方はカンタンです。原則①から順番にA4用紙などに書いて整理していきます。

原則⑤については、原則①～④をグルグル回した後で、最終的にまとめるものなので、まずは①～④を考えていきます。

では、ここからは先ほどのカフェA店とB店を例に戦略5原則の使い方をご紹介します。第4章で、具体的なワークの考え方もご紹介するので、是非あなたの事業でも実践してみてください。

A店の戦略5原則

まずはA店のケースから見ていきましょう。

① 顧客は誰？

A店を利用するお客様は「外回りのビジネスマン」や「大学生」とします。
原則①の欄に「外回りのビジネスマン・大学生」と記入すればOKです。

② 価値は何？

図3−4　A店の戦略5原則

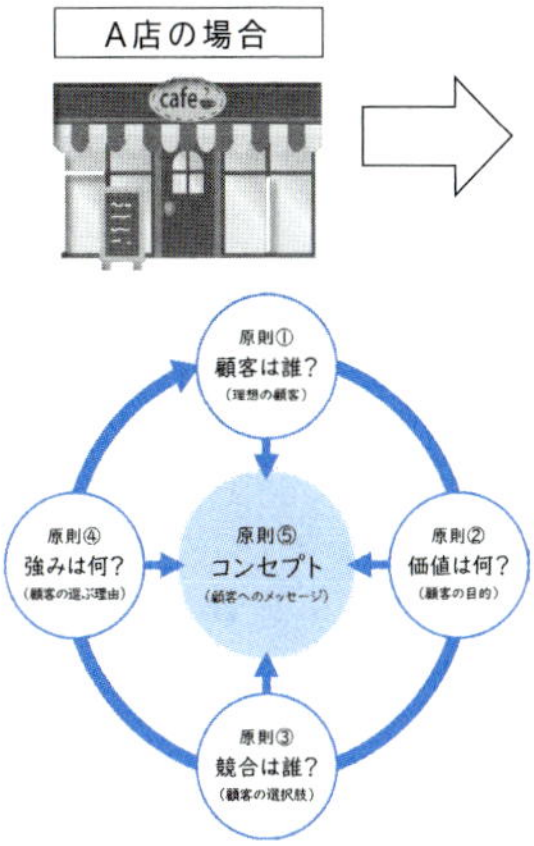

① 顧客は誰？	・外回りのビジネスマン ・大学生
② 価値は何？	・仕事の打ち合わせ ・勉強、読書など
★ 何屋さん？	・外出先のワークスペース屋さん
③ 競合は誰？	・貸し会議室 ・コワーキングスペース
④ 強みは何？	・Wi-Fiや電源コンセント ・作業しやすい広いテーブル ・こぼれにくいカップ ・ある程度静かな空間づくり

原則②は、原則①で書いた「ビジネスマン・大学生」の目的（ニーズ）です。

この時に、「ニーズ」と考えてしまうと売り手目線に陥り、途端に難しくなります。その結果「コーヒーを飲むこと……」というような、商品ありきの誤ったニーズを導き出しやすく、あまりおすすめしません。

仮にコーヒーを飲むことが目的であれば、自販機や持ち帰り専用のコーヒースタンドでも、自分の家で淹《い》れても良いことになってしまいます。しかし、今回は違いますよね。「仕事の打ち合わせや勉強・読書に使えるスペース」として使いたいという本当の「目的」があるからです。

つまり、お客様が本当にお金を出して購入したのは、コーヒーではなく「仕事の打ち合わせや勉強・読書に使えるスペース」だったという考え方です。

マーケティング思考では、「商品そのもの」ではなく、その商品を利用することで得られる「価値」にフォーカスした考え方が重要になります。ただ、この感覚は慣れていなければ実は難しいのです。そのため、本書では「ニーズ」ではなく「目的」と置き換えて考えてみることをおすすめしているわけです（繰り返しになりますが、ニーズで慣れている方はニーズでも大丈夫です）。

★事業再定義

続いてあなたは「お客様から見て何屋さんですか？」という、商品や業種ではなく、「価値」にフォーカスして事業を再定義してみましょう。

ついつい売り手の立場では、「うちは、コーヒー屋さんだよ！」と、商品や業種ありきの事業を定義してしまいがちです。しかしお客様は、「商品」ではなく「価値」

にお金を出しているので、価値から事業を再定義することで、売り手目線に陥らずに済みます。

A店の場合は、「仕事の打ち合わせや勉強・読書に使えるスペース」をお客様が購入しているので、「外出先のワークスペース屋さん」と定義することができそうですね。

③ 競合は誰？

原則③の競合も、売り手目線に陥りやすいので注意が必要です。

売り手の立場で考えると、どうしても同じような喫茶店、例えばスターバックスやドトールコーヒーなどと同じ業種・商品分類で捉えてしまいがちです。しかしお客様の「目的」は「仕事の打ち合わせや勉強・読書に使えるスペース」でしたね。必ずしもカフェでなければならない理由なんてなく、目的が達成できればどこでも良いわけです。考えるべきは、お客様の選択肢というわけです。

例えば、打ち合わせしたいなら、コワーキングスペースや貸し会議室、ホテルのラウンジも競合になります。勉強・読書なら図書館や自習室が競合になるかもしれませんよね。

これがお客様の立場で考える本当の競合です。

④ 強みは何？

原則④は、お客様の別の選択肢と比べて、お客様にとって選ぶ理由になるポイント＝強みです。

お客様は「仕事の打ち合わせや勉強・読書に使えるスペース」を選ぶ際、選ぶことができる選択肢の中から一番都合が良い選択肢を選びます（39ページ参照）。なので、僕たち売り手は、その目的達成を応援してあげれば良いわけです。

例えば、

- Wi-Fiや電源コンセント

- 作業しやすい広いテーブル
- テーブルが多少揺れても書類やパソコンが汚れないこぼれにくいカップ
- ある程度静かな空間づくり

などです。このような環境があれば「仕事の打ち合わせや勉強・読書に使えるスペース」として利用するのに都合が良いですよね。だから選んでいただけるわけです。

比較するとわかりやすいので、B店も見てみましょう。

B店の戦略5原則

①顧客は誰？

B店を利用するお客様は、0歳～5歳くらいの「小さな子連れのお母さん」としましょう。

②価値は何？

次に、その「小さな子連れのお母さん」のニーズです。A店と同じように「目的」と考えてみましょう。

図3−5 B店の戦略5原則

B店の場合

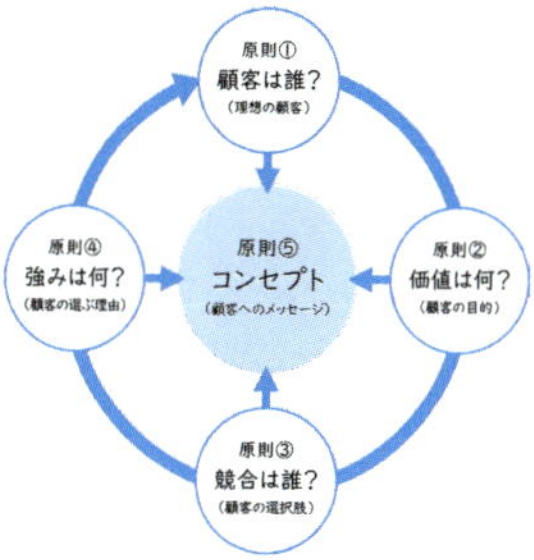

① 顧客は誰？	・小さな子連れのお母さん （例：0歳 ～ 5歳くらい）
② 価値は何？	・ママ友とのランチ会 ・子育ての息抜き
★ 何屋さん？	・子育ての息抜きタイムさん
③ 競合は誰？	・ファミリーレストラン ・複合施設のフードコート
④ 強みは何？	・お子様メニュー、デカフェ ・授乳、おむつ交換スペース ・キッズコーナー、角の養生 ・にぎやかでもOKな雰囲気

なぜ、このお母さんはわざわざ時間とお金をつかってB店を利用するのか？　どんな目的があって利用しているのか？　という視点です。

例えば「ママ友と子連れでランチ会したい」「子育ての息抜きがしたい」という具合ですね。

★事業再定義

では、このお母さんから見たときに、このB店は何屋さんなのか？

例えば、「子育ての息抜きタイム屋さん」と考えることができます。ちなみに、何屋さんかという定義は、お客様に対して「私たちは〇〇屋さんです！」と発信するためのものではないので、表現は自由でかまいません。

③ 競合は誰？

続いて競合です。

A店の場合は、コワーキングスペースや貸し会議室、図書館や自習室が競合でしたが、今回のケースではどうでしょうか？　0〜5歳くらいのお子さんをお連れのお母さんは、「じゃあ、今日は子どもを連れてコワーキングスペースに行こうかな？」と思うでしょうか？　おそらく一瞬たりとも選択肢として頭に浮かばないですよね。

例えば「ショッピングモールのフードコート」や「ファミレス」などの選択肢が思い浮かぶかもしれません。また、天気が良ければお弁当を買って公園に行くという選択肢もあり得るかもしれませんね。

このように、同じような立地にある同じような規模の喫茶店でも、お客様の「目的」が変われば、「手段」の選択肢が変わります。売り手目線で「直接競合」「間接競合」と考えてしまうと、間違った戦略に陥りやすく危険です。

④強みは何？

最後に、お客様の選択肢と比べて原則④のお客様が選ぶ理由になるポイント＝強みも見ていきましょう。ここでも小さな子連れのお母さんの目的達成を応援してあげれば良いので、例えば以下のように考えられます。

- お子様メニューやカフェインレスの飲み物
- 授乳やオムツ交換ができるスペース
- キッズコーナーや、けが防止のための養生
- にぎやかでもＯＫな雰囲気づくり

このような取り組みがあれば、「ママ友と子連れでランチ会をしたい」「子育ての息抜きがしたい」場合に、とても都合が良いですよね。

「3つの特定」が「一貫性」を持ったとき勝手にトップになる

思い出していただきたいのですが、戦略に必要なのは「3つの特定」です。

「1　特定のお客様」というのは戦略5原則の①

「2　特定の目的（ニーズ）」というのは戦略5原則の②

「3　特定の強み」というのは「戦略5原則の③よりどう都合が良いか？」という④

この3つを特定し、それが一貫性を持ったとき、強い競合と比べられることなく、選ばれる市場の中のポジション（立ち位置）をとることができます。

店舗型のカフェが日本全国に何店舗あっても、お客様にはどうだっていいのです。

大切なのは、その小さな子連れのお母さんが「子育ての息抜きタイム」という目的達

図3−6　戦略5原則で「3つの特定」が整う

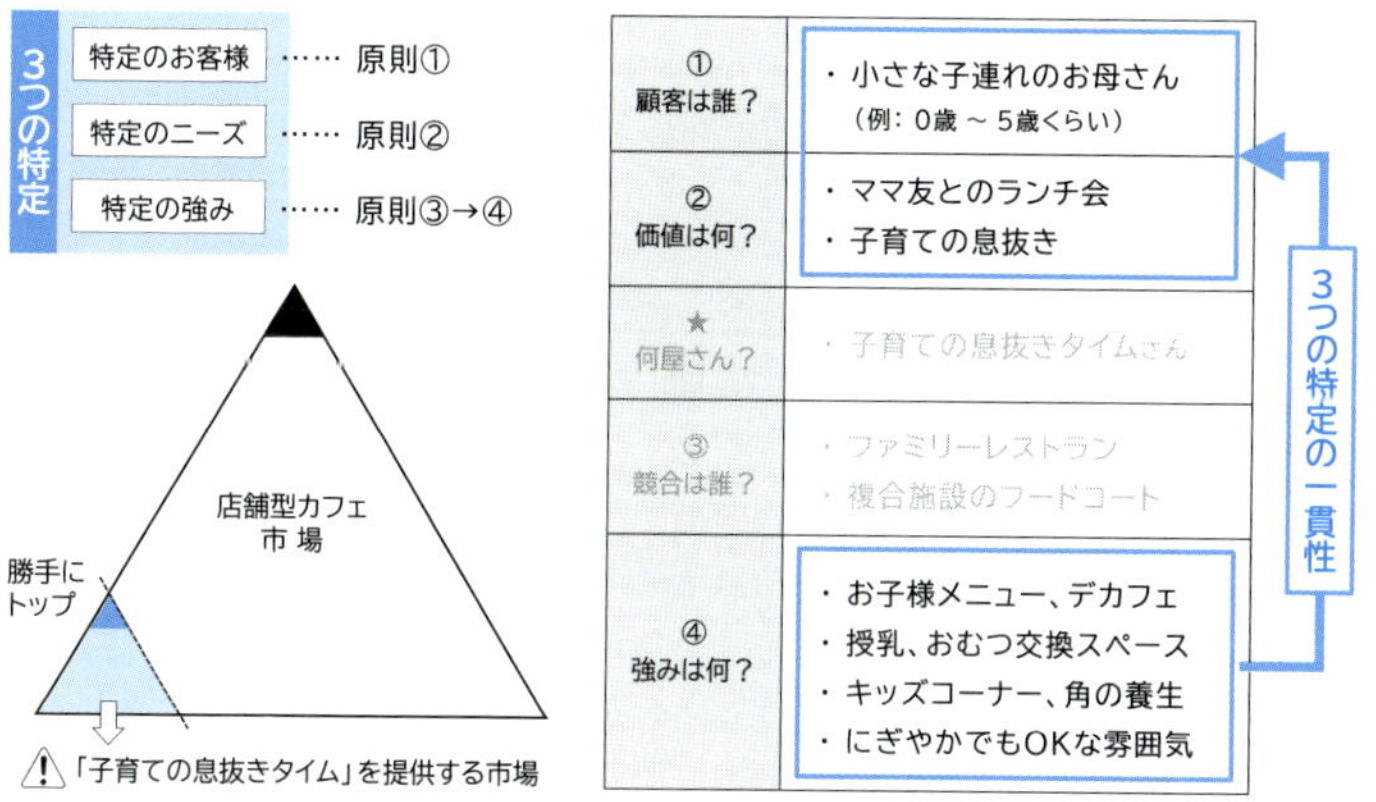

成のためにどんな選択肢があるかです。そして、いくつかの選択肢の中で、「都合が良さそうだな」と価値が伝わったので、選んでいるわけです。

戦略というのは要するに、自分が勝てる市場の中の立ち位置（ポジション）を決めているのです。どんな戦略フレームワークでも同じことができますが、戦略5原則を使えばより簡単にできます。

特別な強みや圧倒的な差別化はなくても勝てる理由

強みの概念は少しだけ複雑なので、もう少し踏み込んで解説します。先ほどのカフェ、A店とB店の強みに注目してみましょう。

【A店】

- Ｗｉ－Ｆｉや電源コンセント
- 作業しやすい広いテーブル
- 多少揺れても書類やパソコンが汚れないこぼれにくいカップ
- ある程度静かな空間づくり

【B店】

- お子様メニューやカフェインレスの飲み物
- 授乳やオムツ交換ができるスペース
- キッズコーナーや、家具類の角を養生するなどの怪我防止策
- にぎやかでもOKな雰囲気づくり

ここでいう強みというのは、「お客様が選ぶ理由になるポイント」という意味での強みですが、どちらも特別で斬新な取り組みではありませんよね。どこの街にもある一般的な取り組みです。

それでも、外出先で打ち合わせ場所を探している外回りのビジネスパーソンや、小さな子連れでママ友とランチ会をしたいお母さんからすれば、選ぶ理由になります。

例えば、小さな子連れでママ友とランチ会をしたいお母さんは、全国の店舗型カフェすべての中から比べるなんてことをしません。子どもを連れていけそうな選択肢の中で、B店がやっているような取り組みが、都合が良いから選んでいるだけですよね。

強みを考える際に、ついつい売り手の目線になってしまい「新しい資格をとらなきゃ！」「斬新なアイデアを考えなきゃ！」「誰もやっていないことをやらなきゃ！」と、「特別な強み・差別化」を探して動けなくなってしまう方が非常に多いのです。しかし、実はそのような「特別な強み・差別化」は不要です。

試しに、あなたのお部屋の中を見回してみてください。いろんな家具、家電、雑貨、服、飲食物をお持ちだと思いますが、その中で「圧倒的に差別化されていたから、コレを買いました！」という商品はどのくらいありますか？

おそらく、「購入時に比べたいくつかの選択肢の中」から「わずかに都合が良かったから購入した」というもので溢れているのではないでしょうか？

もちろん、他社にマネできないような「圧倒的な強み・差別化ポイント」があるに越したことはありません。しかし、そのような「特別な強み」はないことが普通です。一番良くないのは、そのような「特別な強み」を探し続けて動けなくなってしまうことです。

3つの特定の一貫性があれば、特別な強みがなくても選ばれます。

TTPの危険性——強みは不変的なものではない

TTPという言葉を聞いたことがありますか？

「徹底的にパクれ！」《TTP》という意味の略語です。成功しているポイントを徹底的にマネすることで最速で成果を上げようというビジネスの考え方で、時間とコスト削減ができる大きなメリットがあります。ただし、これは危険な面もあります。

例えば、よくある例として「B店がめっちゃ繁盛してるから、ウチもB店を見習ってTTPで頑張ろう！」とマネてしまうケース。ターゲットのお客様も、そのお客様の目的（ニーズ）も違うのに、「表面的に見えること」だけマネしてしまうと、どうなるでしょうか？

図3−7　安易なTTPは一貫性が崩れる

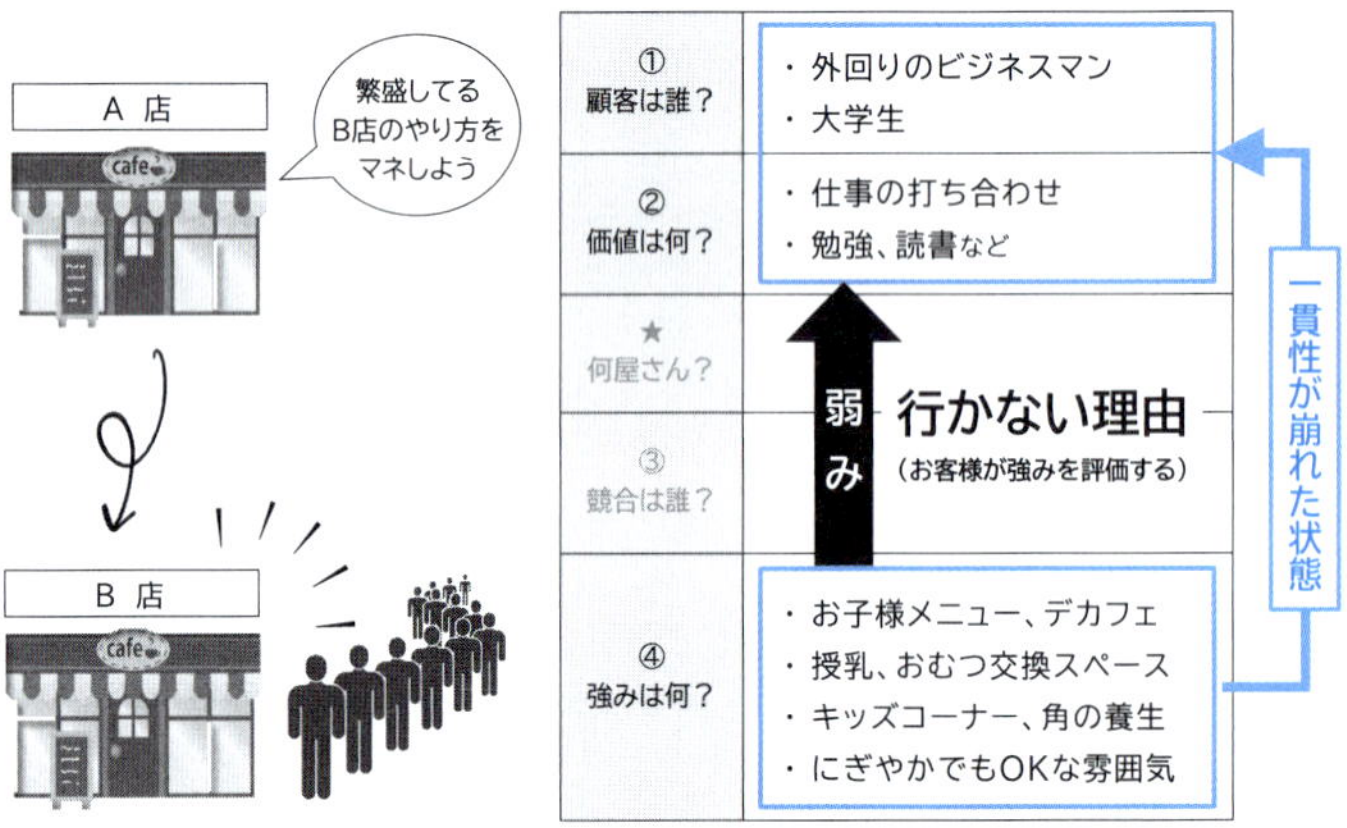

A店は、外回り中のビジネスマンや大学生が仕事の打ち合わせや勉強・読書のために来店しています。それなのに、B店を視察した店主がはりきって、

- お子様メニュー始めました！
- 授乳・オムツ交換スペースを作りました！
- キッズコーナーを作りました！
- にぎやかなBGMに変えました！

なんてことをしてしまうと、「いつも静かで集中できる良いお店だったのに、なんか最近騒がしいな……。次からは別のお店に行こうかな」となるのは想像に難《かた》くないですよね。

また逆に、A店のチラシやウェブの情報を見て、「お子様メニューやキッズコーナーがあるなら一回行ってみようかな～」と小さな子連れのお母さんが来店したとします。

席に着くと、隣の席で勉強している人がいたり、大切そうな打ち合わせをしている人が目に入ると、気を遣いますよね。子どものテンションが上がってきたら、「大きな声を出しちゃダメだよ……。良い子だから静かにしようね」と子どもをなだめながら、心の中では「なんかこの店、すごい気を遣うな。使いにくいな……」と思うでしょう。二度目の来店に繋がることはなさそうですよね。

このように、B店にとっては強み（選ぶ理由）であっても、A店にとっては弱み（選ばない理由）になってしまいますよね。お客様の目的が変われば、何に価値を感じるかが変わるので当たり前です。

お子様メニューを考案したり、キッズコーナーを作ったりするのは、数十万円から数百万円程度の投資かもしれません。それが無駄になるだけならまだしも、マイナスに働く可能性もあります。今いるお客様にとってマイナスになり、打ち消しあってしまう場合すらあるのです。

「ターゲット」「ニーズ」「強み」個別に考えると失敗する

このように本来、「強み」も「弱み」も、戦略次第、目的次第、解釈次第、環境次第、お客様次第で180度、価値が変わります。

人によって評価する価値が違うので、ターゲットが変わればニーズが変わります。ニーズが変われば、それを叶《かな》えるための選択肢（競合）が変わります。比べる選択肢が変われば、何が強みになるか変わります。

このように、戦略の一つひとつの要素はすべて繋がって連動しています。個別に考えては一貫性が崩れます。これは戦略5原則を使っても別のフレームワークを使って

図3－8　戦略の各要素の一貫性が重要

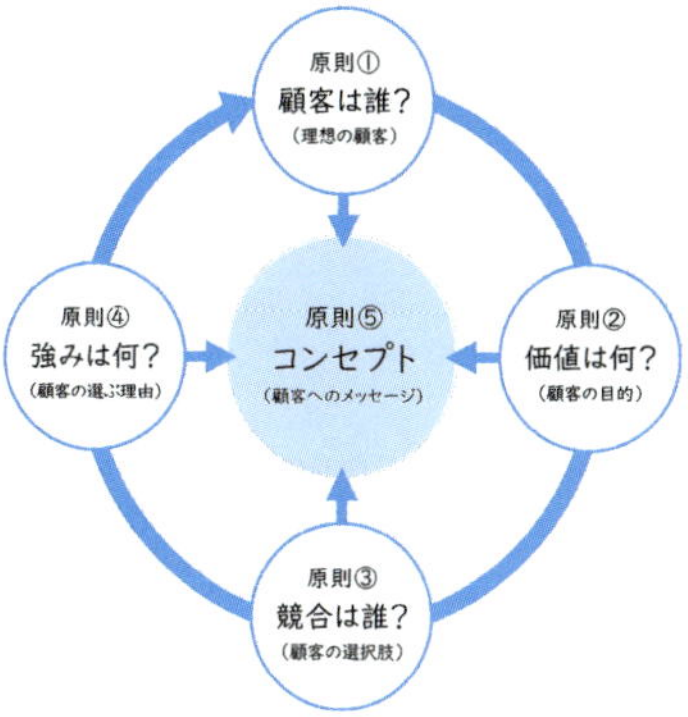

戦略の一貫性

顧客が変われば**価値**が変わる
価値が変われば**競合**が変わる
競合が変われば**強み**が変わる
強みが変われば**顧客**が変わる

も同じです。

ターゲットを考える際に、ターゲットだけ考えてもわかりません。

ニーズを考える際に、ニーズだけ考えても見えてきません。

強みを考える際に、強みだけ考えるのは危険なんです。

ですが、無機質なSTP分析のような難しいフレームワークでは売り手目線に陥りやすく、なかなか気づくことができませんよね。専門的知識や実務スキルがあり、使いこなせるなら使うのは良いかと思いますが、誰でも使えるかといえば僕はNOだと考えています。

だからこそ、お客様の目線で全ての要素を連動して考えやすいツールが必要と考え、この戦略5原則をつくったのです。

無機質なフレームワークで難しく考えるほど失敗しやすい

戦略5原則は非常にシンプルで使いやすいツールなので、ありがたいことに少しずつ一般の事業会社や経営コンサルタントや集客支援事業をされている方に広まりつつあります。シンプルに感じる理由は、すべて僕たちがお客様として商品・サービスを選ぶ際に当たり前に感じていることだからです。

当たり前なことなのに、どうしても売り手の立場になった瞬間、この当たり前なことが見えなくなってしまい、いろんな難しい理論を持ち出してアレコレ考えてしまいます。しかしお客様はいつも、シンプルに商品・サービスを選んでいます。

例えば、あなたが「駅前でサクッと急ぎのランチをとりたいとき」を想像してみてください。

図3－9　お客様の思考はシンプル

①ターゲット → あなたが・・・

この順番でシンプルに選ぶ

②目的（ニーズ）
駅前でサクっと急ぎでランチしたい

③別の選択肢（競合）
駅前にある早くランチできる選択肢

④別の選択肢（競合）
充電できるから、マックにしよう

⚠ お客様の「目的」が変われば、同時に「選択肢」も変わる

①はあなたです。②の目的（ニーズ）は「駅前で、急ぎでランチ」ですね。そのときに、③どんな選択肢がありますか？

吉野家やマクドナルドのようなファストフード、もしくはコンビニも選択肢に入るかもしれませんね。

いくつか選択肢の中で、例えば④「充電できるからマックに行こう！」というように、②目的→③選択肢→④選ぶ理由という順番で考えますよね、きっと。

では、急遽、駅前で大切な話をする会食に予定（目的）が変わったとしたら？　当然、③選択肢が、個室があって落ち着いて話がしやすいようなお店に変わりましたよね。これがお客様の目線です。

だから、売り手の立場になったときも、難しいフレームワークを使ってアレコレ考えなくても、

①どんな人が
②どんな目的・課題解決のために
③どんな選択肢と比べて
④どんな強みを評価して選んでいるか
⑤その強みをどう伝えたら選ばれるか

……という5原則の順番で「お客様の物語」を突き詰めていけば良いのです。

難しいフレームワークを使って無機質に考えれば考えるほど、お客様の目線から離れてしまいます。「フレームワークを使って実行に移せない」「抽象的すぎて使えない！」と悩む人が多いのも、この辺が原因と考えています。

まとめ　第3章コレだけおさえておこう！

- 「戦略5原則」は、「顧客は誰か」「価値（目的・ニーズ）は何か」「競合は誰か」「強みは何か」を、お客様目線でぐるぐる回しながら考えていくフレームワーク

- 「お客様」「目的（ニーズ）」「強み」の3つを特定し、それが一貫性を持つようになると特別な強みはなくても選ばれる

- 「ターゲット」「目的（ニーズ）」「競合」「強み」は連携し合って戦略になる。それぞれ個別に考えるのはかえって危険

第4章

「戦略5原則」の実践
強みが見つかる5つの質問

① 顧客は誰？	
② 価値は何？	
★ 何屋さん？	
③ 競合は誰？	
④ 強みは何？	
⑤ コンセプト	

あなたのビジネスに置き換えて戦略5原則を考えてみましょう! この章では、各要素を理解しながらワークが進められるように「考え方」の考え方を丁寧に解説します。また、戦略5原則をぐるぐる回してターゲットや強みを具体化していく手順を、実際のピラティス教室の事例と共にご紹介します。

戦略5原則をやってみよう

ここからはあなたのビジネスを戦略5原則に当てはめて考えるための具体的な方法をご紹介していきます。本書の購入者特典として、巻末ページからワークシートのPDFをダウンロードできます。書き方サンプルも入れているので、書き方がわからない方はご利用ください。大変でしたら手帳やノート、裏紙でも構いません。やることはシンプルです。図4－1のようにQ1からQ5の考え方のヒントを解説していくので、読み進めながらワークを進めてみてください。

ワークを始める前に、注意事項を2つご紹介しておきます。

図4－1　戦略5原則のワークシートと設問

① 顧客は誰？ ターゲット	Q1 あなたの商品を一番喜んでくれた「理想のお客様」は誰ですか？
② 価値は何？ 目的・ニーズ	Q2 その人があなたの商品・サービスを利用する「目的／期待した価値」はなんですか？（利用の1番の目的）
★ 何屋さん？ 事業再定義	Q3 その人から見たら、あなたは「何屋さん」ですか？
③ 競合は誰？ 事業再定義	Q4 その人が目的を達成するために選べる「他の手段・選択肢」は？
④ 強みは何？ 独自性 選ばれる理由	Q5 その人が選べる他の手段・選択肢ではなく、あなたの商品をあなたの商品・サービスを「利用した決め手」はなんですか？

最初は30点でOK！

これから記入していただく回答の精度としては、感覚的には「まず30点」で十分です。病院に行った時に記入する「問診票」くらいの心持ちで良いので、ラクに答えてみてください。

僕は、多くの研修やコンサルティングで戦略5原則を使ってきましたが、はじめから完璧な精度で仕上げようと思って動けなくなってしまう方が本当に多いのです。

戦略というのは、超プロの方が考えて、考えて、考えて、考え抜いて作ったとしても、「仮説」の域を出ることは絶対にありません。仮に今は「正解」であっても、それが半年後、1年後、3年後には「不正解」になっている可能性すらあります。政治・技術・流通・流行はもちろん、競合やお客様も含めて市場は常に変化し続けているからです。

ほとんどのことは、やってみなければわかりません。どこまで行っても仮説です。まずは、ゼロ→イチの「仮説」を最速でつくっていくつもりでチャレンジしてみてください。後述しますが、戦略5原則はその「仮説」をお客様目線で「検証」して、精度を高めていく仕組みがあります。

整ったキレイな言葉にしない

2つ目の注意事項です。

目指すは30点で良いのですが、書ける部分についてはできるだけ具体的に、具体的に、具体的に書いてください。戦略とはビジネスの方向性です。具体的に書かなければ方向性が曖昧になり、道に迷います。

例えば、「困っている人を助ける仕事がしたい」という方がいらっしゃいます。

それは良いのですが、困っている人を助ける手段なんて無限にあります。無限に手段があるということは、無限に道があり、無限に方向性があるということです。だから、道に迷い努力の方向性が定まらないということが起こります。

具体的に書くためにおすすめなのは「露骨な言葉」で書くということです。

戦略5原則にかかわらず、フレームワークを記入する際に陥りがちなのが、整ったキレイな表現で書こうとしてしまうことです。それでは具体性が弱まり、「いろんな状態・意味を含む」曖昧な言葉になってしまいます。また、お客様に失礼にならないように配慮して曖昧な表現になっている場合もありますが、お客様に向けて発信する段階ではないので、まずは具体性を優先させてください。

例えば、職場の人間関係改善のコーチングをされている方。

ターゲットを記入する際に「働く50代女性」ではなく、もっともっと具体的に「波風立てずに賢く図太く働きたい50代女性」くらい具体的に書いたほうが、具体的にターゲットをイメージしやすいですよね。

とはいえ、前述のとおり考えすぎて動けなくなるのが一番良くないので、「露骨な表現で書く」ということを頭の片隅に置いて「30点でいいので最速で書く」ということにチャレンジしてみてください。

では、ここからは一つひとつの設問に対して、考えるヒントを解説しながら進めていきますので、まとまっていなくても頭に浮かんだヒントやアイデアはガシガシ紙にメモしながら進めてください。フレームワークの用紙も、必要なら後でキレイに清書すれば良いので、アウトプット優先で進めていただけると良いかと思います。

経験上、扱う商材や業種によって、難しく感じる質問や簡単に感じる質問が出てきます。それはそれでOKです。

ゼロ→イチの「仮説」のつもりで考えてもわからないところは、不正解でも良いので、まず埋めてみることをおすすめします。

原則①ターゲットの考え方のヒント

Q1

あなたの商品を一番喜んでくれた理想のお客様は誰ですか？

マーケティング戦略の設計というのは、「誰に対して商売を設計するか？」ということとほぼ同義だと考えています。この「誰に対して」ということが曖昧なら、まるで深い霧の中で事業をしているようなものです。当たらないし、迷うし、コケるし散々ですよね。

まずは具体的なお客様をイメージしていきましょう。

このときに、セグメンテーションやペルソナがどうこうと難しく考える必要はありません。それよりもこれまであなたの商品・サービスを利用し、一番喜んでくれた方を思い浮かべてください。

例えば、

- 長くお付き合いいただいているお客様
- 優良顧客を紹介してくれたお客様
- 値上げしても残ってくれたお客様

などです。難しくセグメンテーションやペルソナと考えるよりも、実際の狙うべきターゲットに近くなる場合が多いからです。もし選びきれない複数人の喜んでくれたお客様がいらっしゃる場合は、記入欄に線を引いて分けるなどしていただいてもOKです。

お友達は書かないのが無難

図4−2　「理想のお客様＝友達」をおすすめしない理由

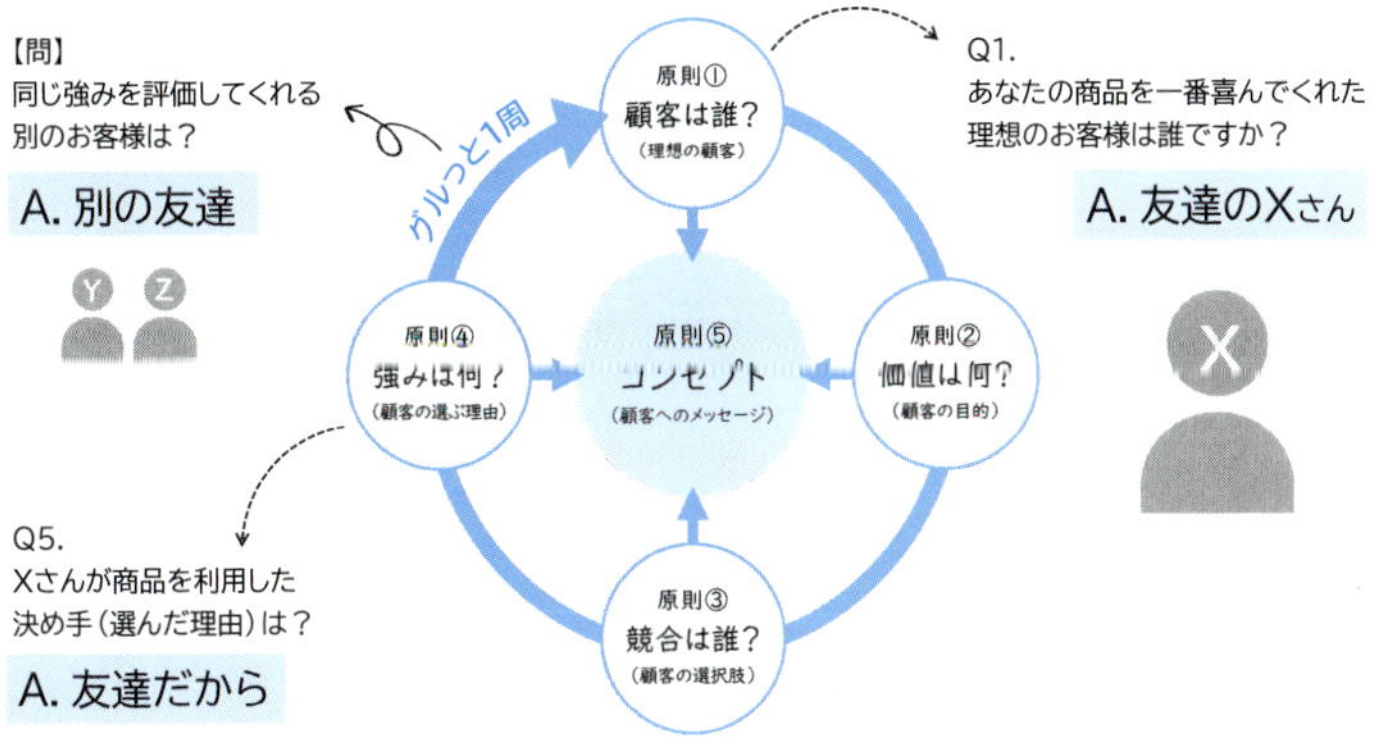

このQ1で「お友達」を記入する方がいますが、できればそれは避けたほうが無難です。

お友達を書いた場合、最終的に「選んでくれた理由（原則④）」が「友達だから」ということが大半だからです。その場合、同じ強みを評価する別の人は誰か？　と考えると、やはり「お友達」になります。

友達の紹介だけで商売をしていくなら良いかもしれませんが、新しいお客様を開拓していく際には「友達だから選んだ」という強みは効果がありません。別の強みを伝える必要があります。

余談ですが、強みのつくり方には業種を問わず3つのパターンがあります。その1つに、商品・サービスより、まず先に自分のことを好きになってもらい選んでもらう強みのつくり方もあります。「友達だから選ぶ」という選ばれ方はその中の1つになります。

まだ喜んでくれたお客様がいない場合は？

まだ事業を行う前で、今までで「一番喜んでくれたお客様」というものが、そもそも存在しないという場合もあると思います。

その場合は、仮説の仮説で良いので「こんなお客様が理想」「こんな人なら強みが活きそう」という人を書いておいてください。戦略5原則は何周もグルグル回しながら考えるものなので、最初はそれで構いません。ただし、そのターゲットはあくまでも「仮置き」であって、固執せずに柔軟に変更することも忘れないようにお願いします。

原則② お客様の目的（ニーズ）の考え方のヒント

Q2
その人があなたの商品を利用する目的／期待した価値は何ですか？

次に、お客様の目的（ニーズ）です。

前述のとおり、一般的に使われる「ニーズ」という言葉ですが、売り手目線に陥りやすく頭が働きにくい言葉なので、「目的」と置き換えることをおすすめしています。

お客様は商品・サービスが欲しい訳ではありません。お客様が貴重な時間とお金を使って、わざわざあなたの商品・サービスを利用するのは、「課題の解決」や「欲求の充足」といった叶えたい目的があるからです。世の中のすべての商品・サービスは

図4−3　「商品」と「価値」を切り離して考える

購入した商品	ホームページの制作	プロフィール写真の撮影	電動ドリル
何のために？どんな目的で？	ブログを書いてウェブで集客したい	求職活動の書類選考で印象を良くしたい	家具を取り付けるため壁に穴を空けたい

目的達成のための手段に過ぎないので、ここでは「商品」と「価値」を切り離して考える必要があります。

例えば、「ホームページを作ってほしい」や「プロフィール写真を撮ってほしい」と書きたくなるかもしれません。しかし、ここでは「商品」と「価値」を切り離して考える必要があるので、「何のために／どんな目的で」そのホームページやプロフィール写真を購入するのかを考えてみてご記入ください。

この原則②は、戦略5原則の中でもっとも難しい問いです。お客様のニーズがクリアに見えていれば、商売で苦労することはほとんどないからです。ニーズというのは非常に複雑な構造をしているので、最初から100点満点の回答を出すのは不可能なので諦めてください。

まずは、30点で良いので仮説をつくって、検証するつもりで進めましょう。

ニーズを具体化する「制限・条件」

ここでは、お客様のニーズを具体化するための「考え方のヒント」をお伝えします。お客様が目的（ニーズ）を満たす際の選択肢を具体化するという方法です。

わかりやすく「痩せたい」というニーズで考えてみましょう。これも原則②の回答としては間違いではありませんが、見ているニーズが広すぎます。「痩せたい」というニーズを、さらに細分化して具体的にしていくことで、何が強みになるか？ということがわかりやすくなります。

お客様は「痩せることができる」ならなんでも良いわけではなく、必ず手段を絞り込んで選びます。

例えば「痩せたいけど……」

図4－4　選択肢を選ぶ際の制限・条件

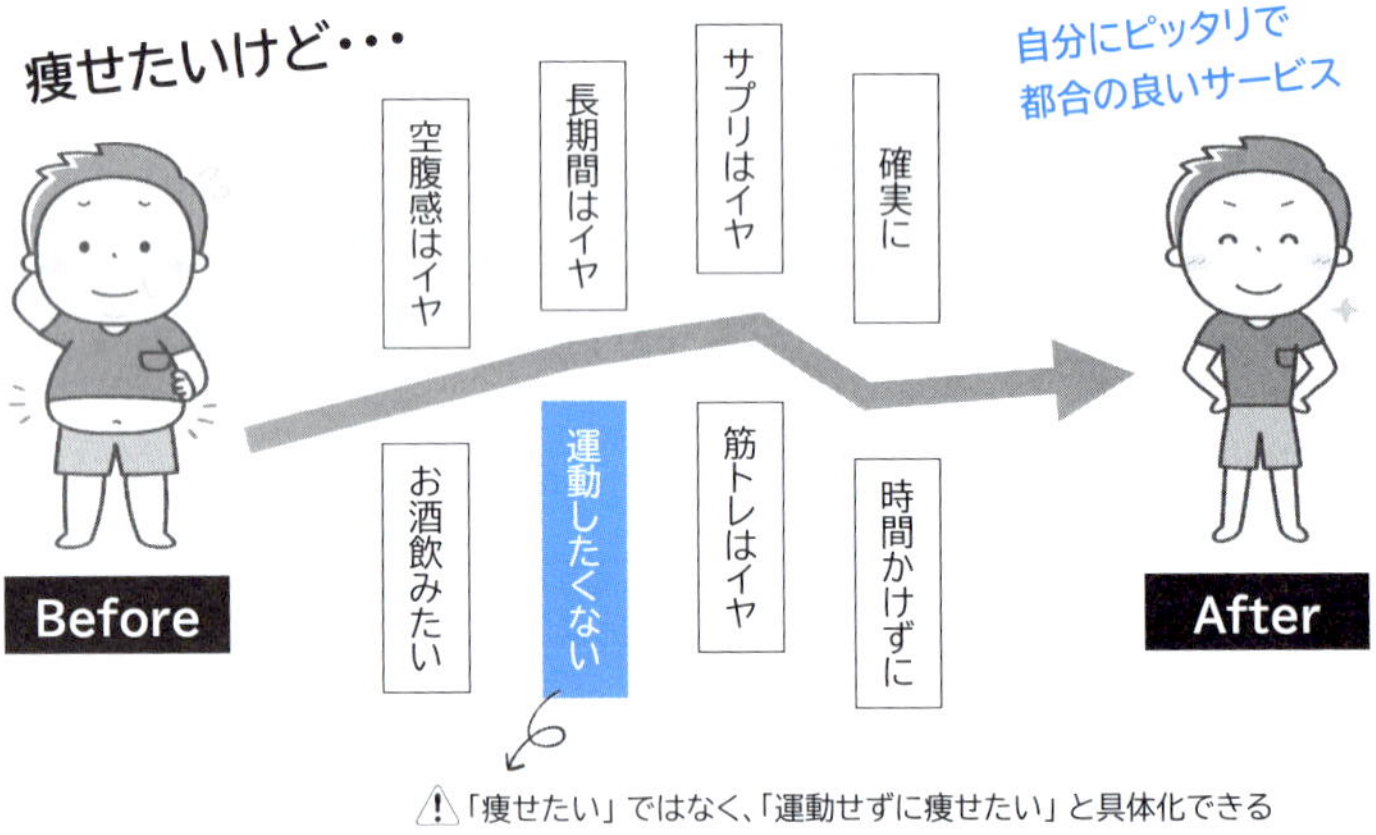

- 運動したくない
- 筋トレしたくない
- 食事制限はしたくない
- お金をかけたくない
- 忙しいから時間をかけずに
- 挫折せず、夏までに確実に

などなど、痩せるための選択肢を選ぶ際に「制限・条件」で絞り込んで、自分にぴったりの商品・サービスを選びます。例えば、お客様が「運動したくない」と望むなら、ニーズとしては「痩せたい」ではなく「運動せずに痩せたい」となりますよね。

つまり、「運動せずに痩せる選択肢の中」

図4－5　ニーズを具体化すれば市場は細分化される

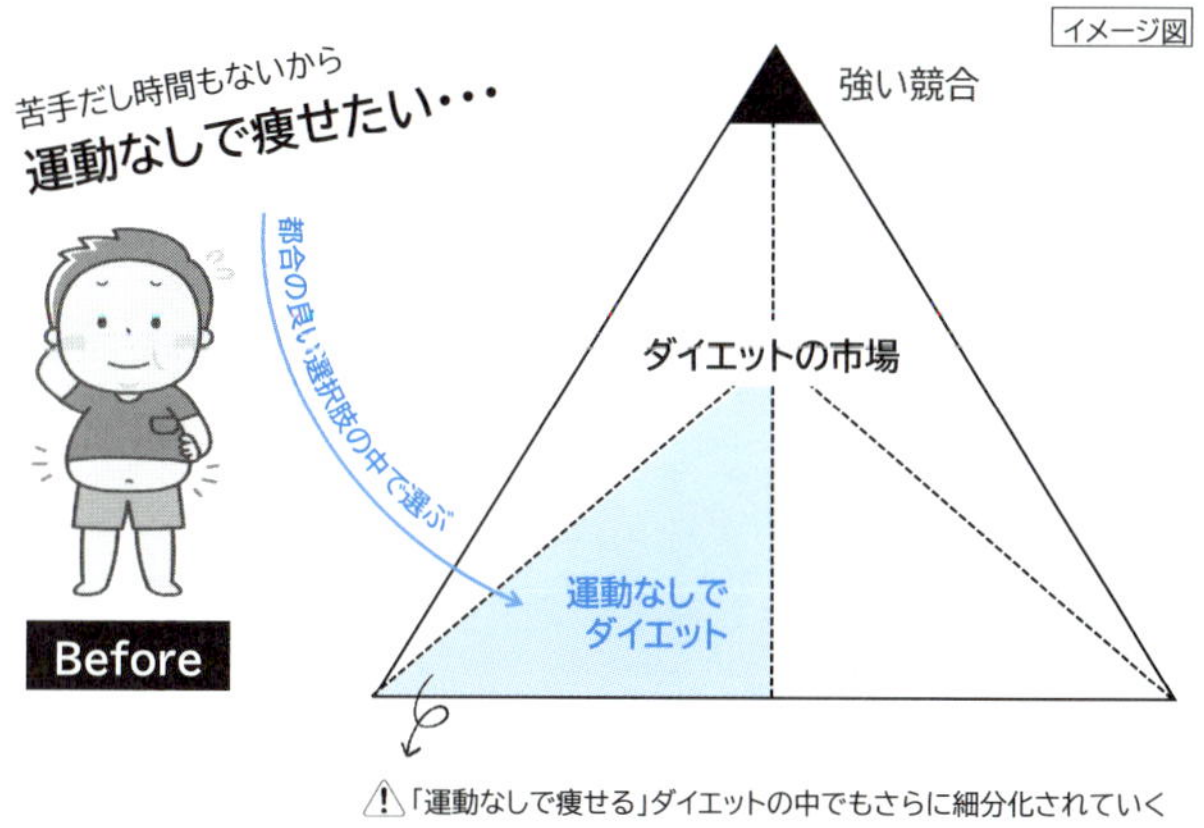

でしか商品・サービスを選ばないということなので、競合がグッと絞られるわけです。

先程のビジネスパーソンが利用する喫茶店「A店」の例でも、「打ち合わせができるなら日本全国どこでもOK」ということはなく、「営業範囲の中で」とか営業車があるなら「駐車場があるお店の中で」といった制限や条件で必ず絞り込みます。

戦略5原則のワークを考える際に、原則②の欄に書いた回答に対して、「原則①のお客様は、この目的が達成できるなら、なんでも良いか？」など、質問を重ねて深堀りしてみてください。

☆お客様から見て、あなたは何屋さん？

Q3

その人から見たら、あなたは「何屋さん」ですか？


3つ目の設問は、あなたはお客様から見て「何屋さん」ですか？　という質問です。

ここでも、「商品」と「価値」を切り離して考えると良いでしょう。お客様は商品・サービスではなく、課題解決や欲求充足という目的達成に対する価値に対してお金を払っています。つまり、世の中にあるすべての商売は「目的達成の価値」を売っている「価値屋さん」です。

どのような価値を売っているか、「商品」側ではなく「価値」側から考えてみてください。その際には、お客様がわざわざ時間とお金を使って商品・サービスを利用する「目的」は何かを考えればわかりやすくなります。

原則③　お客様の別の選択肢（競合）の考え方のヒント

Q4
その人が目的を達成するために、選べる他の手段・選択肢は？

4つ目の設問は、お客様があなたの商品と比べている本当の競合です。売り手目線で考える「直接競合」「間接競合」は一度忘れてください。ここでは、「Q1で設定したお客様」が考えるであろう「Q2の目的（ニーズ）」を達成するための、選べる他の手段・選択肢です。そのように考えると、「買わない／自分で何とかする！」というのも競合します。

それらの選択肢よりも「購入したほうがお客様にとって都合が良い」と思われるポ

イントをつくり伝えることが大切なので、競合をミスれば戦略もミスります。

原則④　お客様が選ぶ理由（強み）の考え方のヒント

Q5

その人が選べる他の手段・選択肢ではなく、あなたの商品を利用した決め手は？


5つ目はある意味一番重要な、「強み＝選ばれる理由になる要素」です。

強みを考える際に「強みが見つからない！」と悩む方も多いですが、まったく問題ありません。本来、「強み」も「弱み」も戦略次第、目的次第、解釈次第、環境次第、お客様次第で180度、価値が変わるものだからです。考え方の手順を理解できれば、必ず見つけることができます。

ただし、そのためには「強み」という概念を正しく理解しておく必要があります。

実はこの「強み」という言葉も、少し曖昧な概念です。まずは、そこを整理しておきましょう。

売れない強みと売れる強み

強みという概念は大きく分けて、お客様にとって価値のない「売れない強み」と、お客様にとって価値があり選ぶ理由になる「売れる強み」が存在します。

強みとは「目的に対して有効に働く要素」のことです（マイナスに働く要素が「弱み」ですね）。

ビジネスの目的は「お客様に選ばれ価値を提供すること」なので、本書では「強み＝お客様に選ばれる理由になる要素」と定義しています。

多くの場合、売り手目線で考える強みは自己分析で出てくるような「経営資源、才能、特徴、経験」といった強みであり、お客様にとっては直接関係のない「売れない強み」に陥りがちです。

アメリカのギャラップ社が開発した才能診断ツール「ストレングス・ファインダ

ー」（現在は「クリフトンストレングス・テスト」に名称変更）をご存知でしょうか？　34の資質の中から自分の才能・強みを発見するというものですが、これはお客様にとっては関係も関心もない「売れない強み」の典型です。

例えば、34の資質の1つに「最上志向」という資質があります。「打ち合わせや勉強に使える場所」を探しているビジネスマン・大学生が「A店の店長は、最上志向らしいから行ってみよう！」みたいな選び方はしませんよね。最上志向かどうかは、お客様が「打ち合わせや勉強に使える場所」を選ぶ際にはどうでもいいのです。

ただし、「お客様にとっては」どうでもいいですが、売れない強み自体がどうでもいいわけでありません。なぜなら、このような「経営資源、才能、特徴、経験」といった「売れない強み」は「売れる強み」を創り出す上で重要になる資源だからです。

大切なのは、最上志向という資質を活かして「打ち合わせや勉強に使える喫茶店として、他店にはない○○を提供できます！」という、特定のお客様にとっての意味のある価値、選ぶ理由になる価値に変換するというところまで、行わなければならないということです。

図4－6　「売れない強み」と「売れる強み」の関係

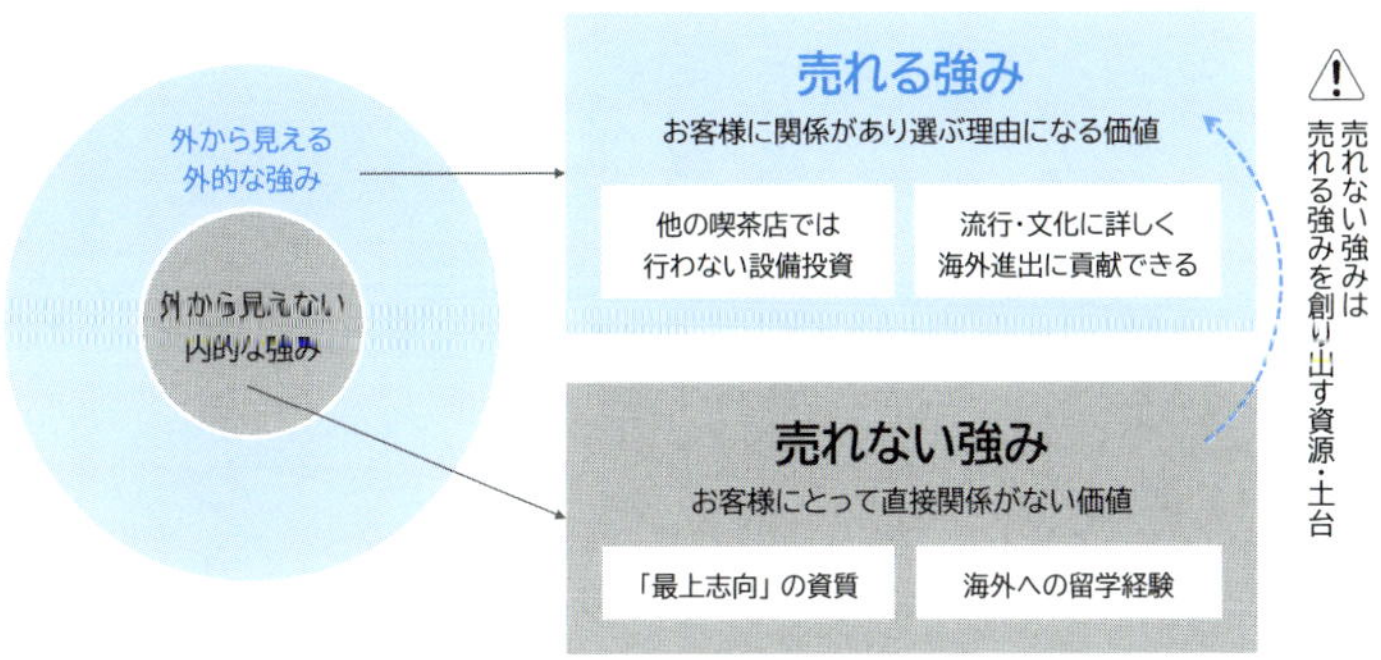

もう1つ角度を変えた例を見てみましょう。

例えば、就職活動の面接の場面。「海外留学の経験があります！」ということをアピールするだけでは、相手が「選ぶ理由」としては不合格です。そこからお客様目線（この場合は面接する企業）になって踏み込む必要があります。もし相手が海外進出を考えている企業であれば、「海外留学の経験があるから、現地の流行・文化に詳しく、御社の海外進出に貢献できます！」とアピールすることができれば刺さりそうですよね。

就職活動の場面では、面接という「話を聞いてもらえる場面」なのでまだ良いかもしれませんが、ビジネスの場面ではそうではありません。お客様の目的（ニーズ）に対してどう都合が良いか？　役立つか？　貢献できるか？　というところまで変換して伝えなければ、成果に繋がることはありません。

強みが見つからない最大の理由

売れる強み＝選ぶ理由になる要素は、いつでもお客様が評価します。お客様にとって評価するポイントが違うので、ターゲットが変われば、何が強みになるかが変わります。強みを考える際に「強みが見つからない！」と悩む方も多いですが、それはほとんどの場合、「特定のお客様」の「特定の目的（ニーズ）」が見えておらず、設定している**市場が広すぎるだけ**なんです。

特に「コーチング」「カウンセリング」「セラピー」など対人支援系サービスで起業・副業される方は増えていますが、誰でも助けられる仕事だからこそ、市場が広くなり、強みが見つからず迷子になりがちです。

例えば、コーチング起業する人は年々増えている中で、他のコーチングとの違いは？　差別化できることは？　と探してもまず見つかりっこありません。

では仮に、生活に干渉してくる子離れできない親に苦しんだ過去がある人が、「親からの過干渉で悩む人を対象にしたコーチング」と考えてみればどうでしょうか？

「特定のお客様」というのは、過干渉で苦しむ人です。

そんな人だから感じている「特定の目的（ニーズ）」は、親からの過干渉から抜け出したい！ ですよね。

そんな「特定の目的（ニーズ）」を感じている「特定のお客様」が、誰かに相談支援を求める際に選ぶ理由になる要素、つまり「特定の強み」は何でしょうか？

例えば、「自分も親からの過干渉に悩んでいた過去があり、穏便に親の過干渉から抜け出すサポートができる」ということは選ぶ理由になりそうですよね？

比較される市場が小さくなれば小さくなるほど、強みがかんたんに出てきます。例えば、「日本一料理が得意！」という人はあまりいないと思いますが、「家族の中なら一番得意」という人は多いですよね。

当たり前ですが、市場が大きくなれば大きくなるほど、お客様の選択肢（競合）が爆発的に増えて強みが消えてしまいます。

ここで強みを活かして小さな市場で勝手にトップになるための重要な心構えをお伝

図4－7　市場が小さくなるほど強みが出てくる

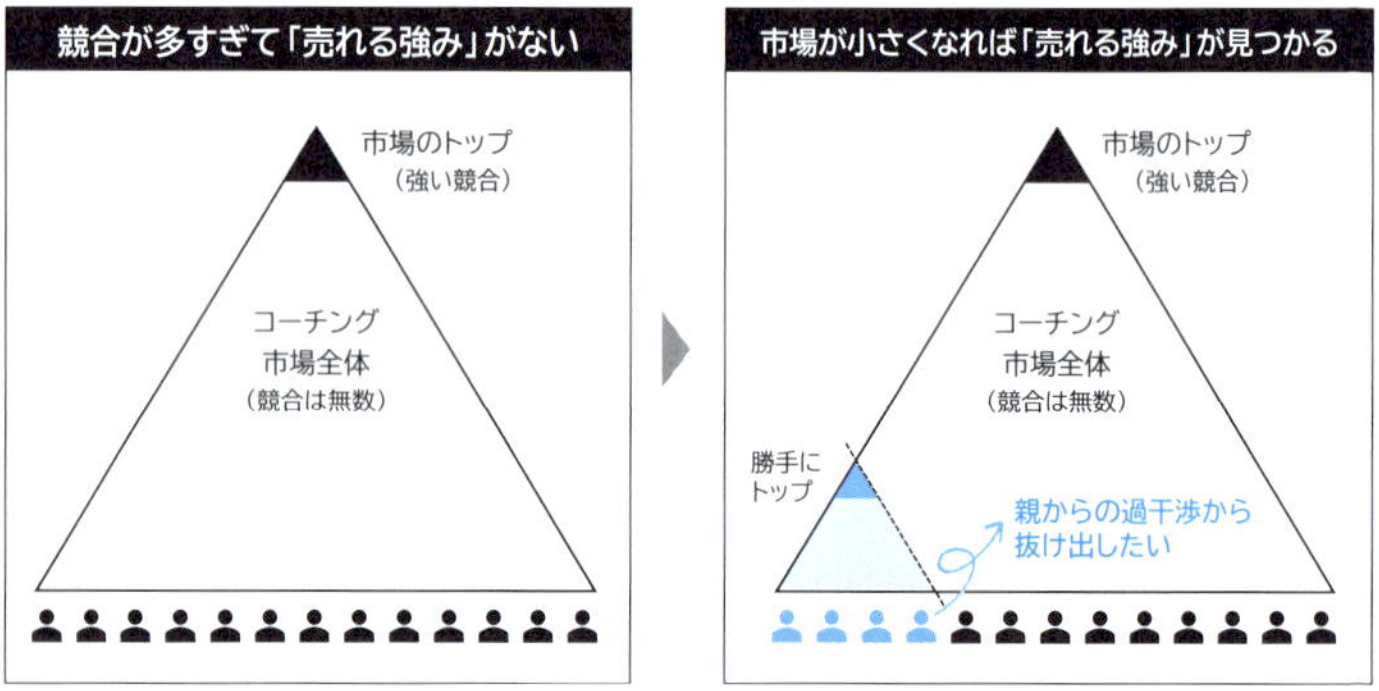

えします。

ほとんどの場合、「こんな人も、あんな人も、どんな人でも助けられるからお客様になってほしい」と狙えるから狙ってしまいます。

前述の「車いす専門の美容室」を思い出してください。

よくよく考えてみれば「車いす」ではない人にもカットやパーマなどのサービス提供はできるはずです。でも、それをやってしまうと、コンセプトが曖昧になり弱くなります。

多くを狙えば狙うほど、努力の方向性が分散して弱くなるのです。そうならないために「狙えるけどあえて狙わない」という勇気を持つことが大切です。

すべてのお客様のすべての目的（ニーズ）に

応えることは、アップルやトヨタ自動車のような資本力・ブランド力を持った大企業でも絶対に不可能です。

まずは小さなトップを取れる市場を見つける。そのために「特定のお客様」と「特定の目的（ニーズ）」を具体化するということを考えてみてください。

戦略5原則はグルグル回す。ピラティス教室の事例

戦略5原則は、お客様が変われば目的（ニーズ）が変わり、目的（ニーズ）が変われば競合が変わり、競合が変われば強みが変わり、強みが変わればお客様が変わるといった、方程式のような相対関係を持っているので、グルグル回していくほど具体的になっていきます。

強みが見つからない理由は市場が大きすぎるから。小さなトップを取れる市場を見つけるために、「特定のお客様」と「特定の目的（ニーズ）」を具体化しよう！　と前述しましたが、そうはいったものの、どう考えていくか手順がわからない場合もあると思います。そこで、実際にあった具体例をご紹介します。

事例は、実際に都内で自宅ピラティス教室をされている「Everyday PILATES!」の

図4−8　1周目の戦略5原則の例

1周目

① 顧客は誰？	・都内の40〜50代の方
② 価値は何？	・運動不足の解消 ・足腰の衰えを軽減
★ 何屋さん？	・運動不足の解消屋さん
③ 競合は誰？	・ピラティス／ヨガ／ウォーキング ・ジム／テニス／YouTube など
④ 強みは何？	？？？ 個別のサポート・・・？

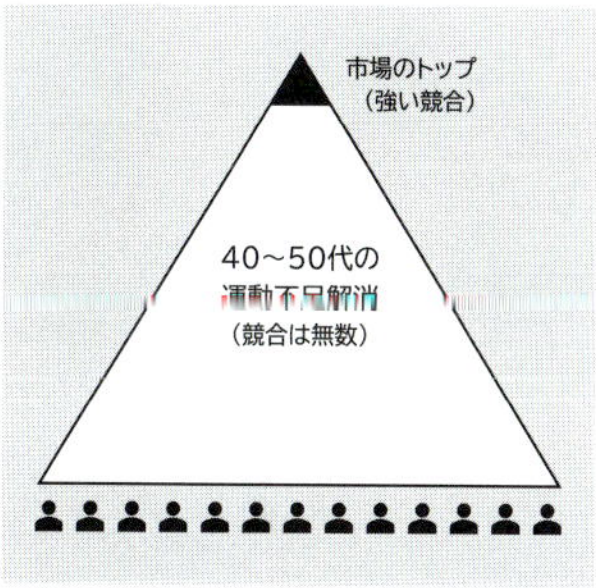

お客様の課題解決・欲求充足といった目的達成の選択肢が競合なので、目的が曖昧だと競合が増えて、強みが見えない

箕田泉《いずみ》さんです。開業以来、サイトやSNSでも集客をしていますが、ウェブ経由のお申し込みはゼロ。お友達がたまに習いにきてくれるだけでした。そこからどのように変わったのか。

まずはわかるところから埋めていき、グルグル回しながら具体化していきます。

1周目　まずは埋めていく

1周目は、とりあえず30点で良いのでワークシートを埋めます。

最初のターゲットは都内の40〜50代で、「運動不足の解消や足腰の衰え軽減のため」にピラティスを習いたいと考えている方ですね。その方たちが「運動不足の解消や足腰の衰え軽減」の手段として選ぶことができる選択肢はどんなものがあるでしょうか？

- 別のピラティス、ヨガを習う
- 筋トレ・ウォーキングを自分で行う
- スポーツジムに通う
- テニスなど、趣味のスポーツを始める
- YouTubeなどのピラティスやヨガレッスンを見て行う
- その他いろいろ

このように目的がまだ曖昧なので、競合が無限に出てきてしまい、「何が伝わったら選ばれるか」もわかりません。前述のとおり、競合が多すぎると強みが弱くなるのです。

あえていうなら「『個別のサポート』であなたにぴったりのプログラムを作ります！」となりますが、それは他のピラティス・ヨガ・スポーツジムも行っています。

競合が同じ価値を提供していることが周知の事実の場合、それを伝えても「選ぶ理由」にはなりません。ここからグルグル回して具体化していきます。

2周目　独自の経験を書き込んでみる

135ページのとおり、お客様にとって価値のない「売れない強み」と、お客様にとって価値があり選ぶ理由になる「売れる強み」があります。そして、**「売れない強み」は「売れる強み」をつくる上で大切な資源**でしたね。

取っかかりとして、ピラティス教室に関係のありそうな自分の経歴や体験、資格などを書き込んでみましょう。「売れない強みを書いても意味ない」と思うかもしれませんが、これを「お客様にとって意味のある価値」に変換していくので、問題ありません。

例えば事例の箕田さんの場合であればこのような感じです。

図4−9　①〜③が曖昧だと④強みがわからない

	1周目	
① 顧客は誰？	・都内の40〜50代の方	・都内の40〜50代の方
② 価値は何？	・運動不足の解消 ・足腰の衰えを軽減	・運動不足の解消 ・足腰の衰えを軽減
★ 何屋さん？	・運動不足の解消屋さん	・運動不足の解消屋さん
③ 競合は誰？	・ピラティス／ヨガ／ウォーキング ・ジム／テニス／YouTube など	・ピラティス／ヨガ／ウォーキング ・ジム／テニス／YouTube など
④ 強みは何？	~~？？？~~ ~~個別のサポート・・・？~~ 追記 →	売れない強み ・自身がアスリート ・長年のリハビリ経験 ・ピラティスで克服した経験

- 自身がアスリートとしてスポーツに打ち込んできた
- スポーツで故障して長年のリハビリ経験がある
- リハビリで失敗し、ピラティスで克服した経験がある

次に、原則④→原則①でグルッと1周していきます。

このような経験は、どんな人に一番共感されるか？　どんな人に一番役立つか？　と考えてみましょう。

そうすると40〜50代なら誰でも良いわけではなく、その中でも同じようにスポーツを楽しみたい40〜50代の方と少し具体化します。

図4－10　2周目の戦略5原則の例

	1周目	2周目
① 顧客は誰？	・都内の40～50代の方	・スポーツがしたいけど膝腰が痛い40～50代
② 価値は何？	・運動不足の解消 ・足腰の衰えを軽減	・膝腰を気にせずスポーツを楽しみたい！
★ 何屋さん？	・運動不足の解消屋さん	・年齢を気にせずスポーツを楽しめる健康づくり屋さん
③ 競合は誰？	・ピラティス／ヨガ／ウォーキング ・ジム／テニス／YouTube など	・機能回復系のピラティス／ヨガ ・マッサージ／整形外科／手術
④ 強みは何？	売れない強み ・自身がアスリート ・長年のリハビリ経験 ・ピラティスで克服した経験	・自身がアスリート ・長年のリハビリ経験 ・ピラティスで克服した経験

どんな人に役立つ？

さらに、「スポーツを楽しみたい40～50代の方」なら全員が喜んでくれるか？　と考えてみると、体の不調、痛みがない方は関係ないので、「スポーツを楽しみたいけど膝腰が痛い40～50代」というように具体化していくことができます。

特定のお客様が「スポーツを楽しみたいけど膝腰が痛い40～50代」だとすれば、そんな人たちがピラティスを利用する目的（ニーズ）はなんでしょうか？　わざわざ、時間とお金を使ってピラティス教室を利用するには、何かしらの課題解決・欲求充足といった「目的」があります。

例えば「膝腰を気にせずスポーツを楽しめ

図4−11　①〜③が具体化すると④「強み」も具体的になる

① 顧客は誰？	・スポーツがしたいけど 膝腰が痛い40〜50代　2周目
② 価値は何？	・膝腰を気にせず スポーツを楽しみたい！
★ 何屋さん？	・年齢を気にせずスポーツを 楽しめる健康づくり屋さん
③ 競合は誰？	・機能回復系のピラティス／ヨガ ・マッサージ／整形外科／手術
④ 強みは何？	・ハードな運動／トレーニングなし ・手術が不要で効果の体感が早い ・リハビリの辛さを知っている ・個別のサポートができる

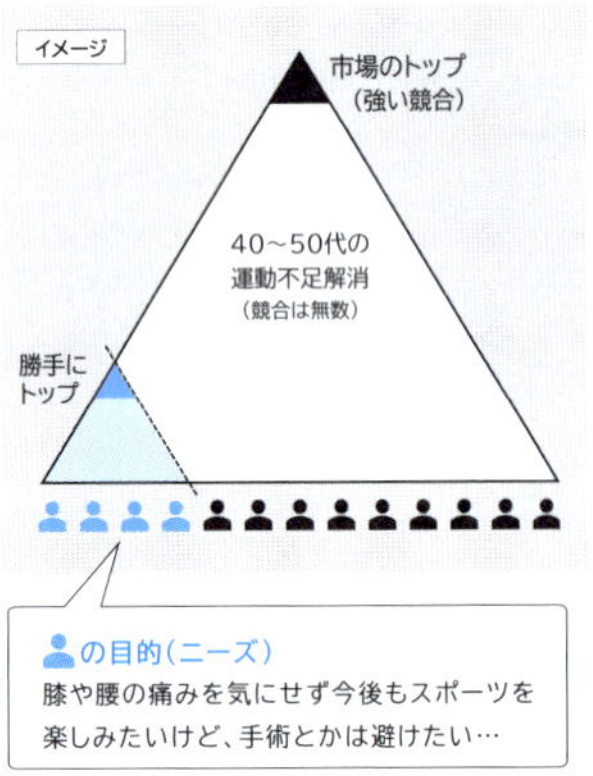

るようになりたい」というのもあります。であれば、箕田さんはこのような40〜50代の方から見て、「年齢を気にせずスポーツを楽しめる健康づくり屋」さんと定義できるかもしれませんね。

次に競合、つまり「スポーツを楽しみたいけど膝腰が痛い40〜50代」の方の選択肢です。同じようにピラティスやヨガが競合しますが、運動不足解消としてのピラティスやヨガではなく、機能回復系のピラティスやヨガが対象になりそうです。また、それだけではなく、整形外科や手術といった1周目には考えつかなかった競合も出てくるでしょう。

最後はそれらの競合と比べて、「スポーツ

を楽しみたいけど膝腰が痛い40〜50代」が「膝腰を気にせずスポーツを楽しめるようになりたい」と考える際に都合の良いポイントを考えていけばOKです。

例えば、箕田さんの場合であれば……

- ハードな運動／トレーニングなし
- 手術が不要で効果の体感が早い
- リハビリのつらさを知っている
- 個別のサポートができる

これらの「売れる強み」が伝われば、選んでもらえそうですよね。

お客様が選んでくれる理由になる要素＝売れる強みを理解すれば、それを「武器」として使っていくことができます。チラシ、ブログ、SNS、YouTubeなどで、設定した特定のお客様に届く場所で発信していけば、強い競合と比較されずに選ばれるようになります。

箕田さんも、売れる強みを軸にホームページを手直し、ブログで発信したところ、次の月には初のウェブサイトからのお申込み。その後も狙ったとおりのお客様からの問い合わせ・レッスン依頼があると報告をいただいています。中には商圏をはるかに超えた遠方からいらっしゃるそうです。強いコンセプトは距離を越える良い例ですね。

そもそも自分で考えるから失敗する

このように、ターゲット・ニーズ・競合・強みを個別に考えるのではなく、連動してグルグルと回しながら考えることで具体的な戦略5原則を作っていくことができます。無機質な難しいフレームワークを使って考えるよりも、何倍も簡単に考えていくことができると思います。

しかし、そうはいっても一貫性を考えながら論理的に考えるのが苦手！　という方もいらっしゃいます。それはそれで、まったく問題ありません。要は「お客様目線」を忘れなければいいのです。

そもそも原則①の「このお客様をターゲットにしよう！」というのは、僕たち売り手が決められます。

図4－12　戦略5原則と連動した専用アンケート

Q. この商品をご購入・ご利用の主な目的はなんですか？

原則②に対応

Q. 上記目的の達成に対し、この商品の他にどのような選択肢がありましたか？

原則③に対応

Q. 他の選択肢ではなく、この商品を選んだ決め手はなんですか？

原則④に対応

しかし、原則②その人の目的（ニーズ）は何なのか？　原則③その人はどこと比べているか？　原則④その人が選ぶ理由は何か？　というのは、僕たち売り手が決められる類の話ではないので、どこまでいっても仮説です。

だからこそ、戦略5原則にはお客様目線で検証していく方法が用意されています。まずはできる範囲で良いので最速で仮説をつくってみる。そして、ご利用いただいたお客様、モニターを受けてくれた方に、図4－12のような「戦略5原則と連動したアンケート」をお願いする。それを集計し、一番多い意見を戦略5原則のシートに上書きしてみる。

それだけでも、売り手目線から解放されて、戦略5原則の精度を高めていくことが可能になります。マーケティングだの戦略だのという小難しいことを一切知らない方でも、お客様目線の売れる戦略を整えていくことができます。

自分で考えるのが苦手！　というのは、視点を変えれば、自分の考えに固執せずに柔軟に考えられるということでもあります。

是非、アンケートまで挑戦してみてください。

まとめ　第4章　コレだけはおさえておこう！

- 戦略5原則を使って最速で「仮説」を書き出し、アンケートでお客様目線の検証を行い、精度を高めていく
- ターゲットが曖昧なら具体的なニーズも売れる強みもわからず、深い霧の中で事業をしているみたいなもの
- 狙えるけどあえて狙わない勇気も大切

第**5**章

ルール2
「商品設計」売り込まずに売れる商品の作り方

お客様に信頼され、売り込まずに売れる状態を意図的に設計する考え方を、本書では「商品設計」と呼んでいます。売り手目線から離れて、お客様の立場に立ち返れば、売り込まずに売れて当たり前に感じるはずです。まずは、お客様の期待と不安のチカラから理解していきましょう。

売り込まずに売れる商品体験の設計

ここまで、1つ目のルール「戦略設計」の考え方と設計の手順をご紹介してきました。小さな会社の売れる仕組みの原動力となりマーケティング活動全体の方向性を整える極めて重要な部分です。

しかし、この段階ではまだカタチのない概念に過ぎません。どれだけ素晴らしいコンセプトがあっても、お客様が選んだり買ったり使ったり、体感することができないのであれば価値はありません。

だからこそ、お客様に価値を感じていただけるように、商品・サービスとして具体化していく工程が必要です。それが、ここからご紹介する2つ目のルール「商品設計」の考え方です。

この商品設計の考え方も、戦略設計の考え方同様に「知らないと意識するのは難しい」ですが、知ってしまえば当たり前に感じる内容ですので、あなたの事業に置き換えて楽しみながら読み進めてください。

1つ目のルール「戦略設計」と連動して設計することによって、強みが活きる特定のお客様に信頼されながら、売り込まなくても売れるようになります。

売り込まずに売れるのが当たり前

さて「売り込まずに売れる」というと、特別なこと、大変なこと、難しいことと感じる方は多いのですが、実はそんなことはありません。一度お客様の目線に立ち返ることさえできれば、「なんだ、それだけのことか……」とご納得いただけるでしょう。

ここでもう一度、簡単な実験をしてみましょう！

104ページで行ったように、あなたのお部屋の中を見回してみてください。いろんな家具、家電、雑貨、服、飲食物をお持ちですよね。では、その中で「売り込まれたから買いました」という商品ってどのくらいありますか？ 探してみてください。

いかがでしょうか？　意外なほど少なくありませんか？

おそらく、所有するほとんどのものが「売り込みされていないけど買ったもの」ですよね？

売り手の立場で「売り込まずに売る！」と考えると、難しくて特別なことに感じるかもしれません。でも、それは商品・サービスを購入する際のお客様の心の流れ＝「購買心理」の考え方を知らないだけなんです。

実験のとおり、お客様目線に立ち返れば、わざわざ売り込まれなくても、欲しいもの、必要なものは勝手に調べて、勝手に買いますよね。その売り込まなくても勝手に買っていただける状態を「売り手の立場」から意図的に設計する考え方のことを、本書では「商品設計」と呼んでいます。

ちなみに商品設計の考え方は、法人向け商品、個人向け商品を問わず基本的に同じです。

購入を後押しするチカラと購入を妨げるチカラ

ここから先は、商品設計を行う上で知っておいたほうが考えやすいお客様の購買心理の「2つのチカラ」を図解にしてご紹介します。

最近の「意識的に検討して買い物をしたときのこと」を思い出しつつ読み進めてみてください。きっと、思い当たる節がいっぱいあって体感的に理解が進むかと思います。繰り返しになりますが、お客様目線に立ち返れば当たり前なことばかりで、難しい理論なんて一切必要ありません。

お客様が商品・サービスを検討する際には、お客様のココロの中で必ず心理的な「2つのチカラ」が発生します。ウェブの買い物でも、リアルの買い物でも同じです。

図5－1　お客様の心理的な「2つのチカラ」

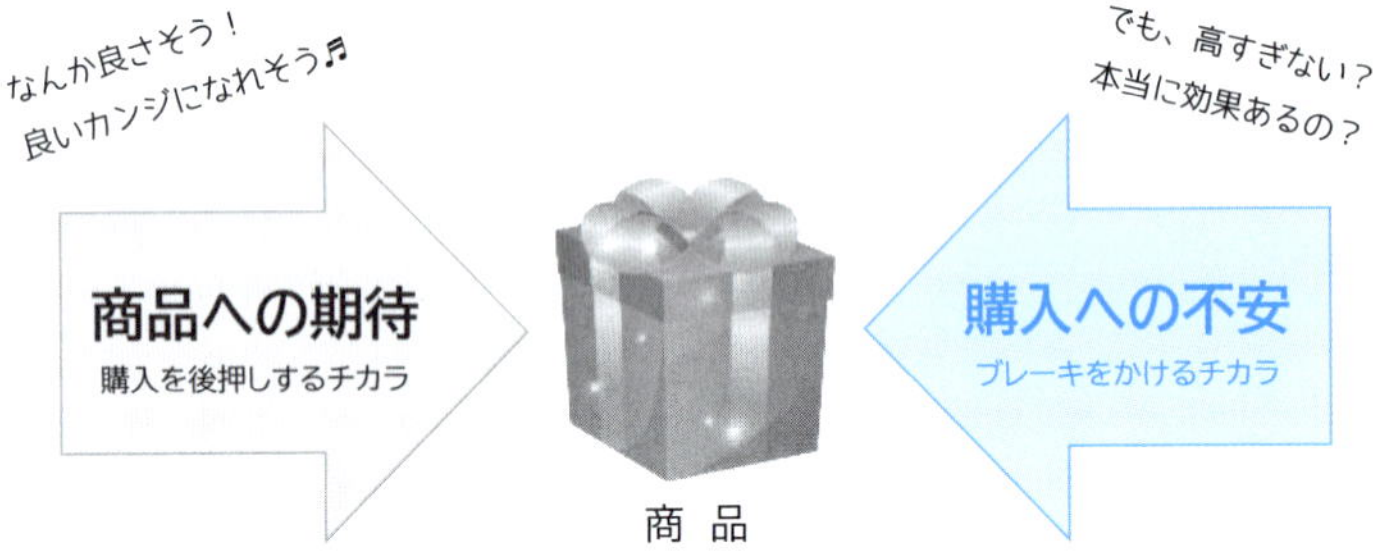

図5－1をご覧ください。左の矢印は、商品を購入することで得られる利益・効果を期待して「欲しい！」と購入を後押しするチカラです。右の矢印は、不安や疑問が頭に浮かび「いや、でもな……。大丈夫かな……」と購入にブレーキをかけるチカラです。

あなた自身の体験を思い出してみてください。

買い物するときに「効果あるかな……」「もう少し待てば安くなるかも」「こんなの買ったら家族に叱られないかな……」などなど、購入にブレーキをかけるチカラを日々体感していませんか？

この心理的な「2つのチカラ」の観点から商品が売れない状態と売れる状態をイメージしてみましょう。

人間は「得をすること」よりも「損をしないこと」を重視する生き物といわれています。新しい価値（商

図5−2　売れない状態と売れる状態のお客様の心理を比較

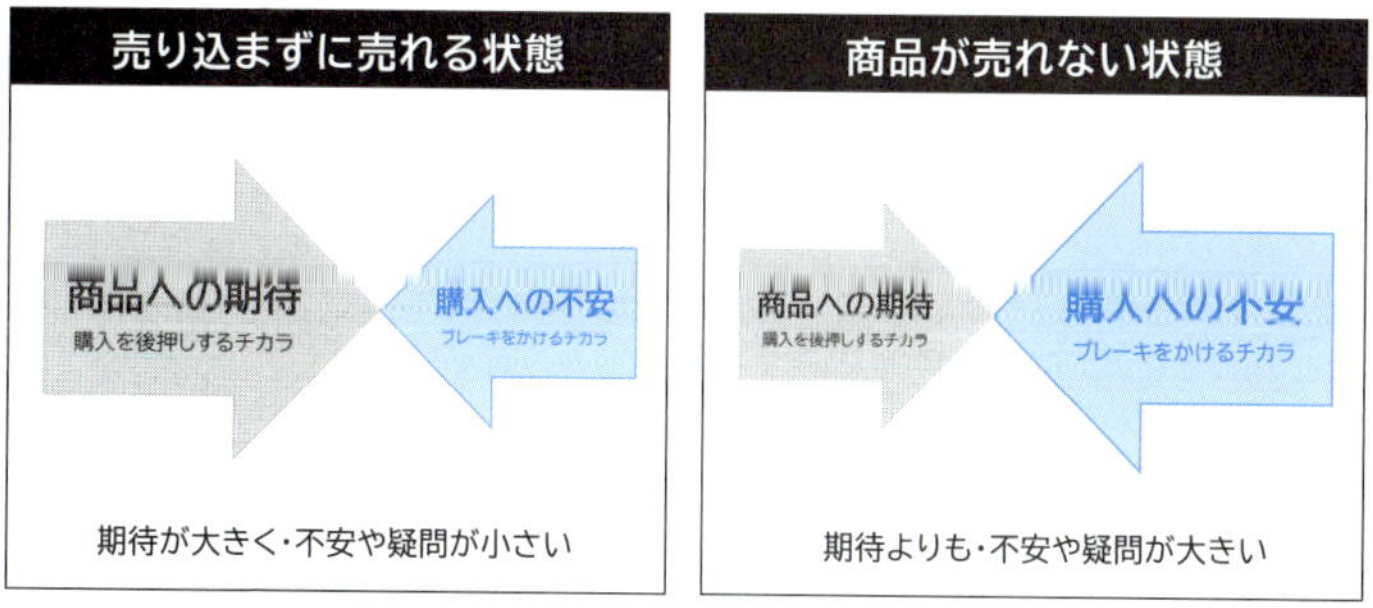

品）を得ることよりも、今持っている価値（お金、時間）を失うことに大きなストレスを感じるので、商品の価格が高くなるほど、不安の力も比例して大きくなります。

もう少し簡単にいうと、安い商品よりも、高い商品のほうが、不安が大きくなるから売れにくい！ということです。当たり前ですね。図解化すると図5−2の右側です。「期待よりも不安が大きい状態」で、ちょっと売れそうにないですよね。

商品設計を行うことで目指す状態というのは、図5−2の左側の「期待が大きく、不安が小さい状態」です。お客様のココロの状態がこの状態にあれば、信頼されて、自然と売り込まずに売れていきます。

では、具体的にどのようにすれば、その状態をつくれるのか？　その答えは、お客様のココロの状態に合わせて、商品を「3つの役割」に分けて段階的に体験していただくというものです。

具体的に見ていきましょう。

商品の役割を3つに分ける

考えやすい型としてご紹介したいのが、『ドリルを売るには穴を売れ』（青春出版社）などの数多くのマーケティング書籍を出版されている、ストラテジー&タクティクス株式会社の佐藤義典氏が考案した「プロダクトフロー理論」です。『図解 実戦マーケティング戦略』にはこうあります。

『プロダクトフローの根幹にある思想は、**「購買には、心理的な障壁がある」**という発想です。大事なお金を出すことには、常に抵抗があるわけです。この購買の際の心理的障壁をなるべく低くしてあげる必要があるのです。それを、商品・サービスの品揃えの面から行っていくのがプロダクトフローです。』（佐藤義典著、『図解 実戦マーケテ

図5－3　佐藤義典氏の「プロダクトフロー」

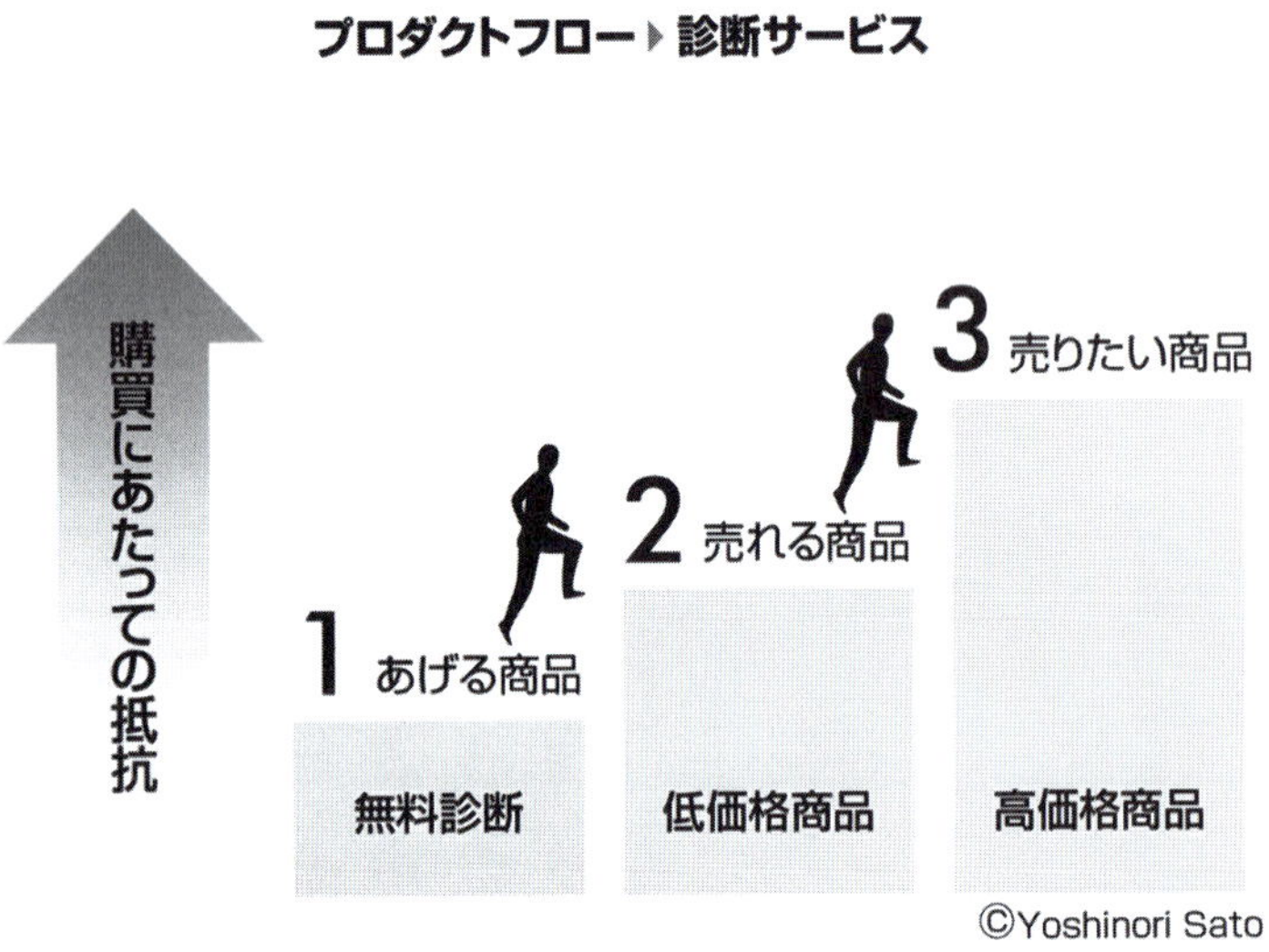

佐藤義典著、『図解 実戦マーケティング戦略』日本能率協会マネジメントセンター、P.214より転載

ィング戦略』、日本能率協会マネジメントセンター、P.212)

ここからは、この「プロダクトフロー理論」の基本概念を継承しつつ、僕の独自の解釈も含めた図5－4を用いて、解説していきます。

ウェブマーケティングを勉強したことがある方なら、「2ステップマーケティング」や「フロントエンド商品」「バックエンド商品」という用語を聞いたことがあるかもしれませんが、基本的な考え方はほぼ同じです

図5－4　お客様の商品体験の流れ（筆者作図）

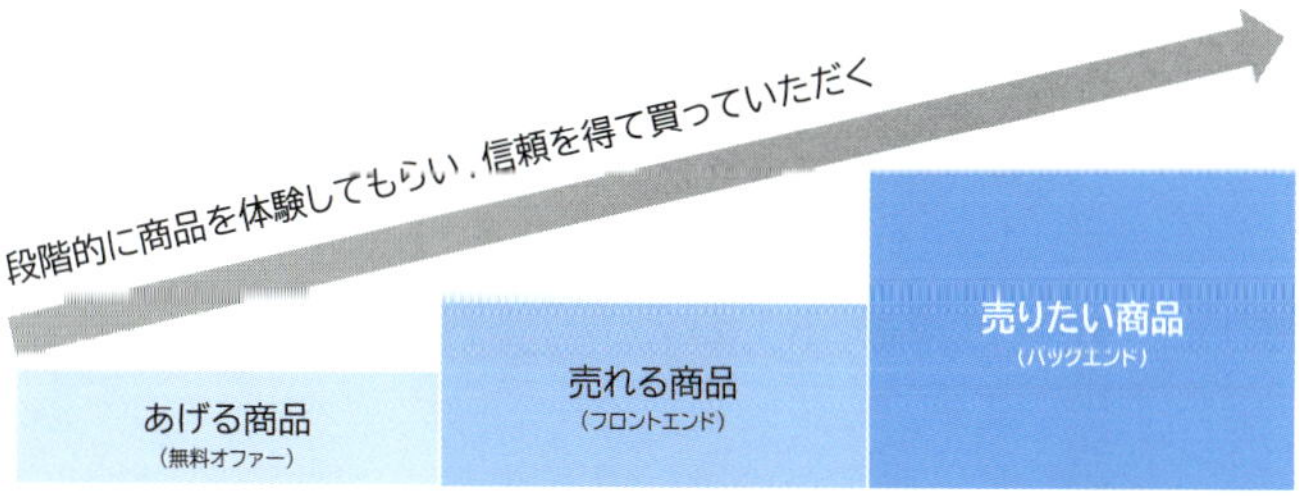

分類	試供品・役立つ情報	有料お試しの商品	本命の商品
役割	認知・集客のため	信頼獲得のため	利益獲得のため
利益	売上0／販促費を負担	低価格／薄利多売	高価格／厚利少売

『図解 実戦マーケティング戦略』（佐藤義典著）P.214 の図より、筆者が引用・改変、以下略

（知らない方はスルーして大丈夫です）。

2ステップよりもわかりやすく、全体の設計を行いやすいため、本書では3ステップで役割を分けて考えやすい「プロダクトフロー理論」をおすすめしています。

1つ目のあげる商品は「サンプル・試供品・役立つ情報」などを提供する**認知・集客のため**の商品です。これは売り上げがゼロで、逆に販促費がかかる商品です。「無料オファー」「リードマグネット」「無料プレゼント」「ホワイトペーパー」など、さまざまな呼び方があります。

2つ目の売れる商品は「フロントエンド

商品」という呼び方が多いですが、これは「有料のお試し商品」です。大きな利益を獲得することが目的ではないので、お客様がお試ししやすい低価格に設定することが一般的です。

この売れる商品の役割は明確に**2つの信頼獲得**のためです。2つの信頼というのは、「商品・サービス」が期待した価値があるかどうかという商品に対する信頼。そして、もう1つは「提供者」に対する信頼です。

例えば、商品は素晴らしいものでも、提供している人がものすごく高圧的でイヤな態度だった場合、どう思いますか？　きっと、リピートしたり人に紹介したりしたくはありませんよね？　逆に、提供者は良くても商品が自分に合っていなければ、それも同様にリピートや人に紹介したいとは思わないでしょう。

つまり、お客様は低価格でリスクの低いお試し商品の段階で、「商品に対する信頼」と「提供者に対する信頼」のどちらも試していて、2つの信頼を得られたときに、はじめて3つ目の**利益確得のため**の売りたい商品（バックエンド商品）を購入する！　ということです。

郵便はがき

料金受取人払郵便

牛込局承認

9092

差出有効期限
令和7年6月
30日まで

162-8790

東京都新宿区揚場町2-18
白宝ビル7F

フォレスト出版株式会社
愛読者カード係

フリガナ お名前	年齢　　　　歳 性別（ 男・女 ）
ご住所　〒 ☎　（　　　）　FAX　（　　　）	
ご職業	役職
ご勤務先または学校名	
Eメールアドレス メールによる新刊案内をお送り致します。ご希望されない場合は空欄のままで結構です。	

フォレスト出版　愛読者カード

ご購読ありがとうございます。今後の出版物の資料とさせていただきますので、下記の設問にお答えください。ご協力をお願い申し上げます。

●ご購入図書名　「　　　　　　　　　　　　　　　」

●お買い上げ書店名「　　　　　　　　　　　　　　」書店

●お買い求めの動機は?

1. 著者が好きだから　　2. タイトルが気に入って
3. 装丁がよかったから　　4. 人にすすめられて
5. 新聞・雑誌の広告で(掲載誌誌名　　　　　　　　)
6. その他(　　　　　　　　　　　　　　　)

●ご購読されている新聞・雑誌・Webサイトは?

(　　　　　　　　　　　　　　　　　　　)

●よく利用するSNSは?(複数回答可)

□Facebook　□X(旧Twitter)　□LINE　□その他(　　　　　)

●お読みになりたい著者、テーマ等を具体的にお聞かせください。

(　　　　　　　　　　　　　　　　　　　)

●本書についてのご意見・ご感想をお聞かせください。

●ご意見・ご感想をWebサイト・広告等に掲載させていただいてもよろしいでしょうか?

□YES　□NO　□匿名であればYES

このように、わざわざ理論立てて仰々しく説明しなくても、よく知らない商品やよく知らない人に対して、いきなり高いお金を払ってみたい人なんていません。

だからこそ、まずお客様に知っていただいて、信頼していただいて、最終的に利益をいただく流れをつくりましょう！　という、ごくごく当たり前の内容なんです。当たり前なんですが、これが売り手の立場になった瞬間、すっかり忘れてしまいます。

その結果、信頼を得る前に高額な商品を売ろうとムリな営業で消耗してしまいます。

そうならないために、このように理論立てて体系的に覚えておくことをおすすめしています。

どんな業種でも商品設計の考え方は共通

まずはお客様に知っていただいて、信頼していただいて、最終的に利益をいただくという商品設計のルールは時代・地域問わずあらゆる業種に当てはまります（図5－5）。

例えば、整体、マッサージなどのサロン系の商品設計で考えてみましょう。肩こりや腰痛に効くセルフケアの情報を冊子にして配ったり、YouTubeやインスタグラムで配信したりしてサロンの存在を知っていただく。そこから45分7000円のコースをお試しいただき、最終的に3ヵ月の体質改善コース10万円を申し込んでいただく……というような流れです。

ではお試しコースを体験しようと入店した際に、よく知らない初めて会った店長さ

図5-5 いろいろな業界の商品設計の例

	あげる商品（無料オファー）	売れる商品（フロントエンド）	売りたい商品（バックエンド）
サロン	セルフケアの冊子 0円	通常45分コース 5,000円	3ヶ月体質改善コース 100,000円
日本酒	店頭での無料試飲 0円	1カップの日本酒 200円	一升瓶の日本酒 5,000円
コーチ	無料メール講座 0円	個別相談 0円	継続コーチング契約 300,000円
寝具	睡眠に役立つ情報 0円	オーダーメイド枕 40,000円	寝具一式 500,000円
学習塾	試験対策の問題プリント 0円	無料体験授業 0円	入塾 ／ 夏季講習 15,000円／月
居酒屋	1杯目 ビール100円 100円	通常利用 4,000円／人	忘年会の貸し切り 7,000円／人
サイト	Web集客ノウハウ資料 0円	ホームページ無料診断 0円	ホームページ制作 350,000円
採用支援	無料の採用セミナー 0円	求人票の添削サービス 20,000円	採用コンサルティング 600,000円

⚠ 有料のお試し商品でも「0円」の場合もある → お客様は「お金」だけではなく「時間」も支払っているから

参考／佐藤義典「プロダクトフロー」

んから、「見るからにあなたは体がボロボロだから、今日から体質改善したほうがいいですよ。すぐ10万円の契約書にサインしてください！」と売り込まれたら、どう思いますか？　きっとドン引きしますよね。それはまだ商品に対する信頼も、人に対する信頼もできていない状態だからです。

逆に、45分7000円という表示を見たお客様は、「45分で7000円なら、きっとこんな感じだろうな～」という、何となくの期待感を持ちますよね。

そして実際に商品を体験した結果、期待以上の価値が提供され感動したら、きっとお客様のほうから「こんなことも相談できますか？」「継続的に受けたいんですが……」ということも起こるでしょう。高単価の商品ですら売り込まずに売れるということが起こります。

このように、段階的に商品を体験してもらうことによって、期待を大きくして、不安を小さくし、最終的に**利益を最大化していくことができる**のも商品設計の大切な役割です。

商品設計の考え方自体は、決して特別なものではなく、「先義後利」「損して得を取れ」など、経営・商売に関する多くの逸話や格言になっているほど本質的な内容です。非常にシンプルで納得感があったと思います。ただし、シンプルではありますが、同時に奥が深い話でもあるので、実際に商品設計を行うと同じような設計ミスも多くみられます。

ここからは商品設計の「よくある間違い」を紹介しながら、より深く商品設計を理解できるように続けていきます。

商品設計の3つのよくある間違い

ここからは、マッサージ屋さんを例にして、商品設計での間違いやすいポイントをご紹介していきます。

価格設定の間違い

1つ目は「価格設定」に関する間違いです。

図5－6は、わかりやすさ重視で極端にしていますが、どこが違うかおわかりですか？

誤っているポイントとしては、利益獲得のための売りたい商品の価格が、100万

図5－6　商品設計のよくある間違い①「価格設定」

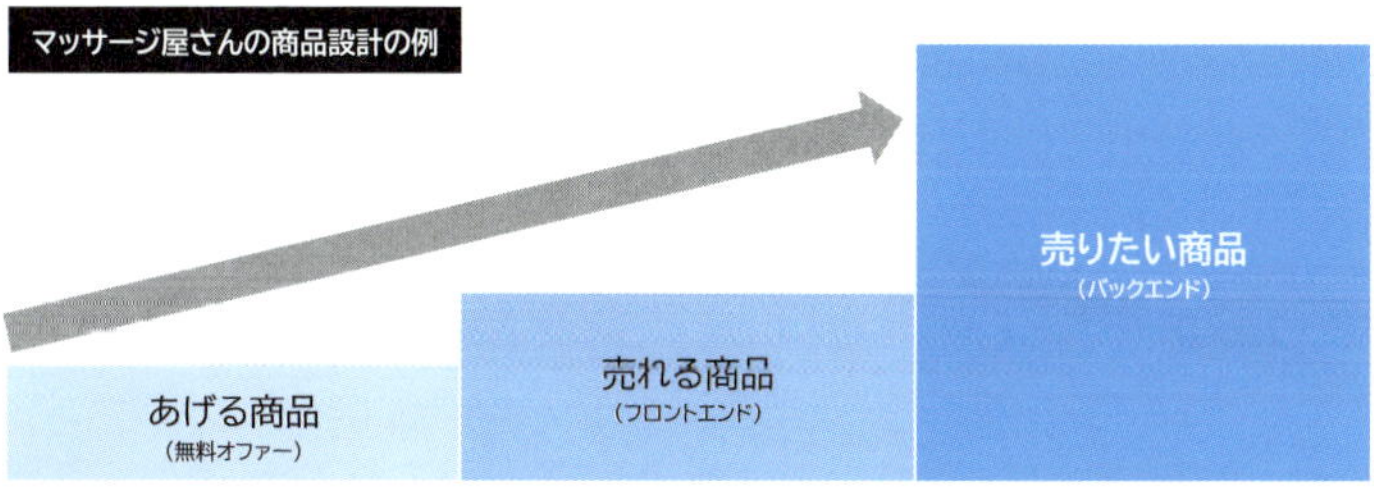

セルフケアの冊子	通常コース	体質改善3ヵ月コース
0円	5,000円	1,000,000円（100万）

参考／佐藤義典「プロダクトフロー」

円とかなりの高額になっていることです。お客様の立場で考えてみてほしいのですが、5000円のコースで期待値を大幅に超えて大満足したとしても、次に100万円のコースを提案されたらどう思うでしょうか？

さすがに怖くて買えないですよね……。

ちなみにこれは「マッサージ屋さんでは100万円の商品が売れない」といっている訳ではありません。もし100万円の商品を売りたいなら、売れる商品（フロントエンド）と売りたい商品（バックエンド）の間に、10万円〜30万円のミドルエンド商品を設置し、期待値を超えるように商品体験全体を設計するのが良いでしょう（図5－7）。

図5−7　商品体験のステップを増やす

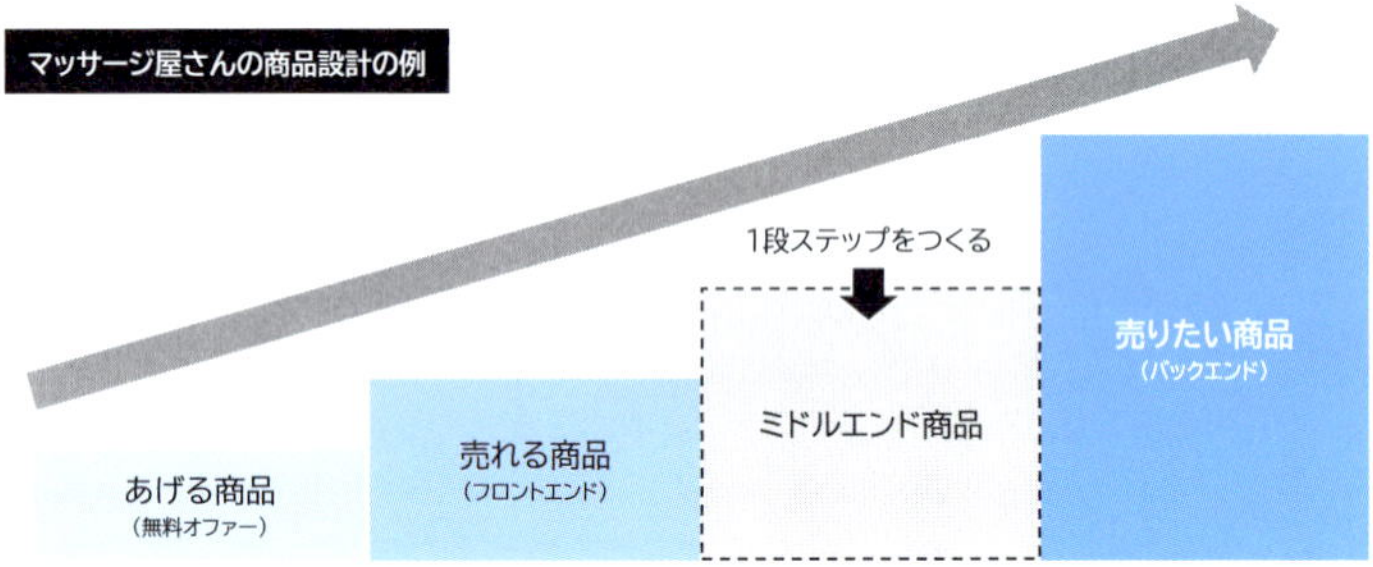

セルフケア小冊子	通常コース	体質改善3ヶ月コース	体質改善3ヶ月コース
0円	5,000円	10万円〜20万円	100万円

参考／佐藤義典「プロダクトフロー」

お客様から頂戴する代金は信頼の対価のようなものなので、図のように階段（ステップ）を意識して設計することをおすすめします。

また、売れる商品についても、「いくらが妥当ですか？」など、具体的な金額をよく質問されますが、これは一概にはいえません。狙うターゲットや商材によって変わるからです。それらに沿って即決価格にするのが良いでしょう。

商品内容の間違い

2つ目は商品内容、ラインナップに関す

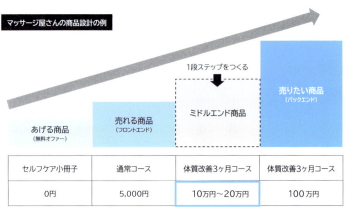

図5－8　商品設計のよくある間違い②「商品内容」

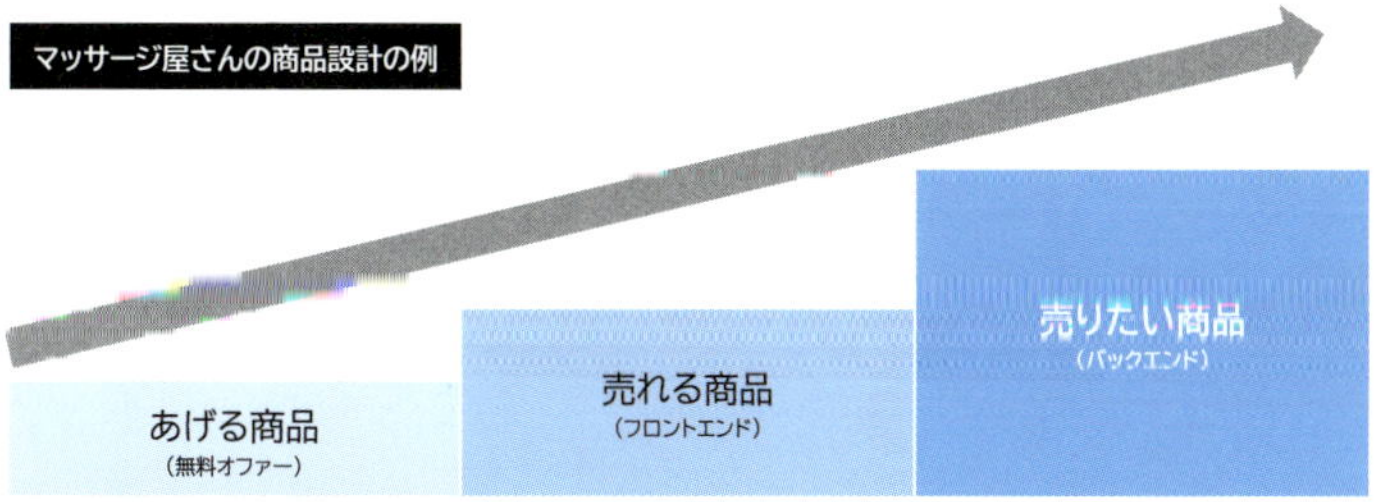

絶景のVR体験	通常コース	体質改善3ヶ月コース
0円	5,000円	15 万円

参考／佐藤義典「プロダクトフロー」

る間違いです（図5－8）。

先ほどと同様、わかりやすさ重視で極端にしていますが、引き続きマッサージ屋さんを例に考えた場合、あげる商品に問題があります。なぜかわかりますか？

認知・集客のためのあげる商品が「絶景のVR体験」というのはズレていますよね。VRで絶景を見る体験というのは、確かに人が集まるかもしれませんが、それは「楽しい体験」「珍しい体験」で集まってきただけで、健康意識や、体質を変えたいという意識で集まった訳ではありません。

ただ怖いのは、5000円くらいの安いコースなら売れてしまう場合があるので、関係のない商品でまずは人を集めてしまうのです。

しかし、本当に売りたい15万円もする高いコースというのは、大きな悩みや課題があり、それに高い価値を感じてくれるような「いわゆる見込み顧客」という人を集めなければ売れません。

大企業が集客を行う場合にはそれでも良いかもしれませんが、僕たち個人・中小企業が貴重な貴重な時間と資金と人員を使って、わざわざ関係ない人をたくさん集めても仕方ないですよね。

商品設計を行う場合には、最終的に売りたい商品に関連する商品で興味を持ってもらうことが大切です。

個人の事業で圧倒的に多い間違い

3つ目は個人事業、特に事業を始めたばかりの方に一番見られる間違いです。

それは図5－9のとおり、利益獲得のための売りたい商品がなく、ずっと「お試し価格」で安く、利益率の薄い商品を売り続けてしまう！　という間違いです。

この状況に陥る方に多いのは、高額な単価で商品を提供するのは自信がなくて怖い、

図5－9　商品設計のよくある間違い③売りたい商品がない

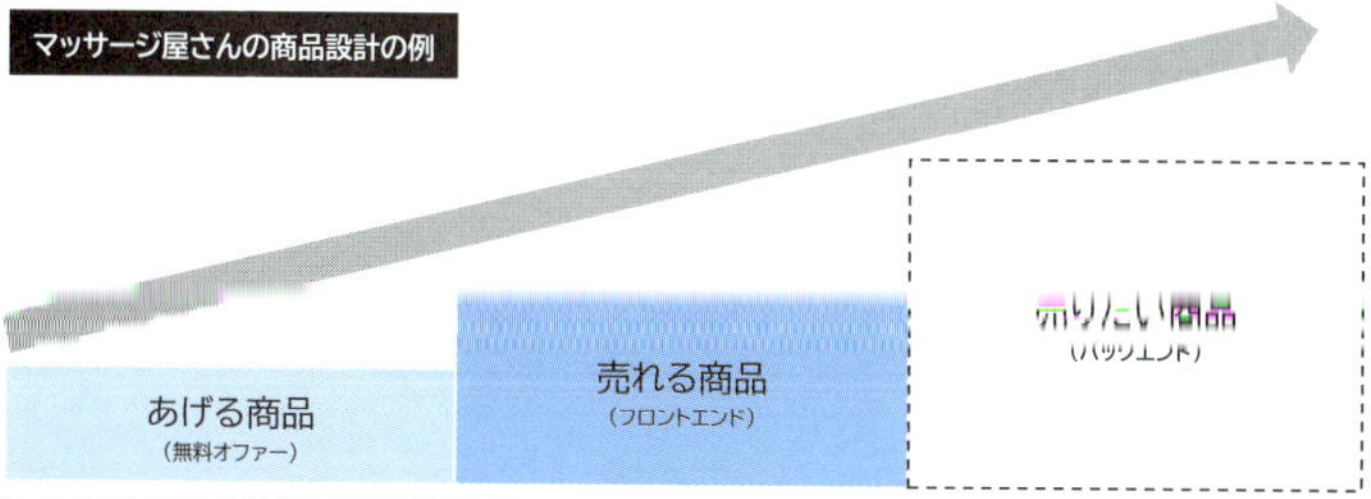

セルフケアの小冊子	通常コース	―――
0円	5,000円	―――

参考／佐藤義典「プロダクトフロー」

お客様に申し訳ないという方です。また、扱う商材によっては高単価商品が作れないというご相談もよくあります。

知っておいていただきたいのは、利益獲得のための商品というのは、必ずしも「高単価」である必要はないということです。

言葉が難しいので覚えなくて構いませんが、マーケティングの世界では、LTV（ライフ・タイム・バリュー）という考え方があります。簡単にいうと「お客様がお客様でいてくれる間にどのくらい利益をいただけるか」ということです。

つまり、1回の価格が低単価でも、長く継続購入してもらえる良好な関係を保ち、会員制・定期購買（サブスクリプション）などを販売することも、立派な利益獲得の商品ということです。

いうまでもなく、マーケティングに期待される目的の1つは利益をあげることですが、利益獲得の商品がなければ、働いても働いても儲かっていかない「貧乏暇なし」の状態に陥ってしまいます。こうなると、売れれば売れるほど顧客数が増えると同時に、顧客対応に追われ、時間に追われ、ミスが増えて、顧客満足度も下がっていきます。安定とは程遠く、将来への不安ばかり募っていくことになります。

特に自分が働かないと収入にならない「労働集約型」のビジネスモデルの場合は、働けなくなった場合に生活基盤が揺らぐ事態にも陥るのでリスクが大きくおすすめしません。

本書では、資本力、ブランド力、知名度、実績などを持たない「市場の弱者」である僕たち個人・中小企業のマーケティング戦略の考え方をお伝えしています。

そういった視点から見ても、顧客数を増やすことで利益を積み重ねる「薄利多売」のモデルというのは、個人・中小企業には向いていません。その辺りの考え方について触れておきましょう。

薄利多売のモデルと厚利少売のモデル

たくさんのお客様を対象に、低価格で無難な商品を多くの顧客に販売する「薄利多売」のモデルというのは、基本的に「強者の戦略」といわれています。

無難な商品なので、高い価格だとそもそもあまり買ってもらえません。

では、どうすれば良いかというと大量に仕入れたり大量に生産することによって原価を下げたり、大規模な広告宣伝で認知を広げたり、多くの人材を採用して多店舗展開したり、安く売っても儲かる仕組みが必要になります。

また、価格を安くすることで、間違った期待感を持った合わないお客様が購入することもあるので、クレームが起きても対応できる専門部隊を置いている場合もあります。

図5−10 「薄利多売」と「厚利少売」

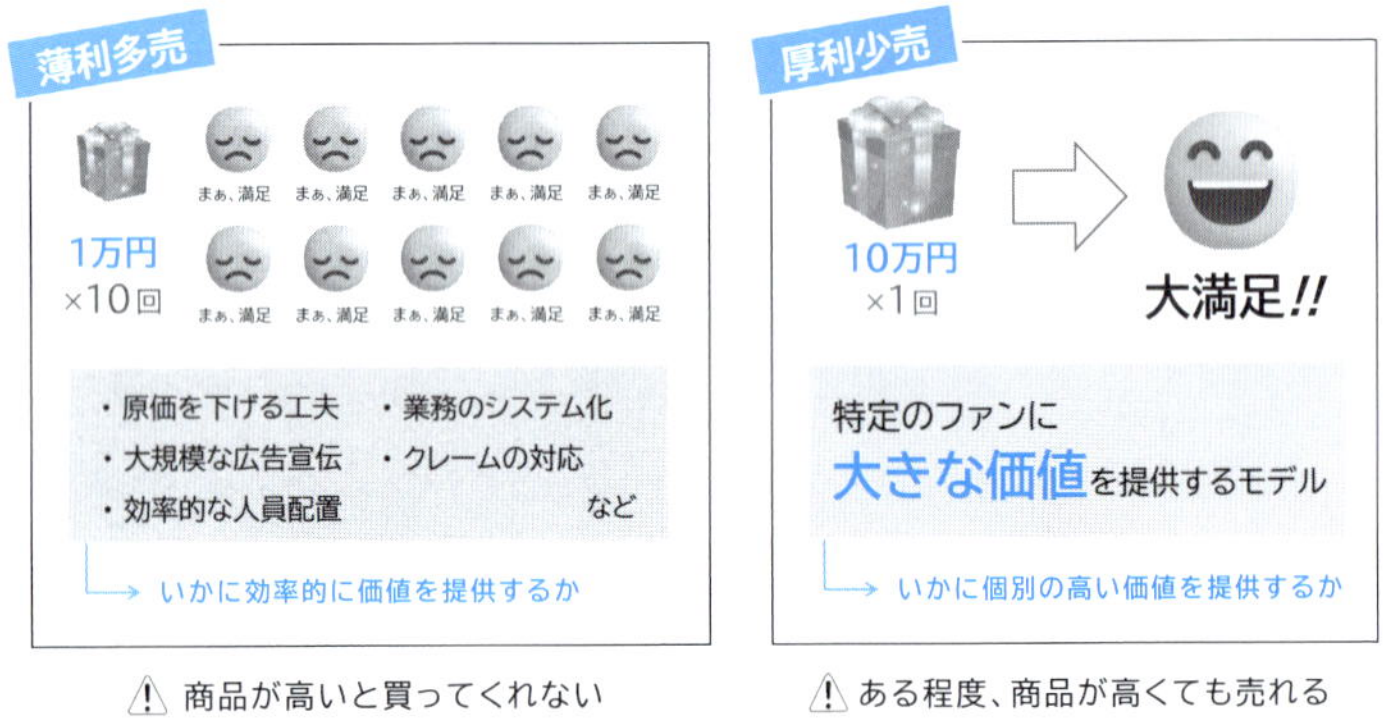

このように、いかに効率的に原価を落として、効率的に商品提供を行って、リスクを抑えられるかという大企業的な戦い方になります。マクドナルドを思い浮かべていただければ、わかりやすいですよね。

では、資本力、ブランド力、知名度、実績などを持たない「市場の弱者」である僕たち個人・中小企業の場合は、どうすれば良いのでしょうか？

その答えが、強みが活きる特定のお客様に利益率の高い商品を提供していく「厚利少売」のモデルです。

最近では、オンラインサービスの普及により顧客数を増やしても商品・サービスを提供しや

図5－11　市場の弱者は「厚利少売」がセオリー

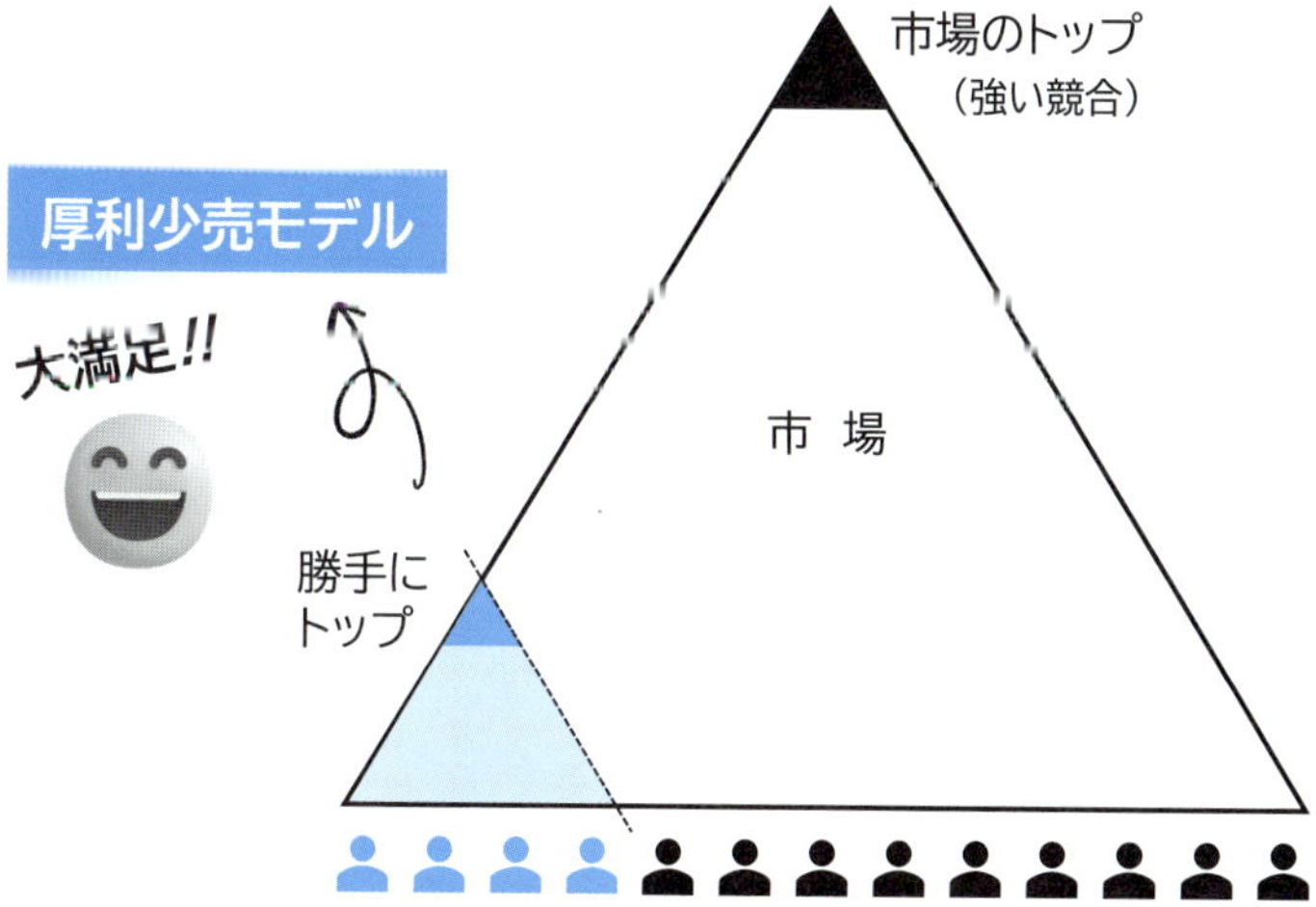

すくなってきましたが、相対的に見て大企業には勝てません。

だからこそ、55ページでお伝えしたように、市場の中で強みが活きない満足度の低いお客様ではなく、特定の強みが活きる特定のお客様に対して商売を設計していく必要がある訳です。

僕たち個人・中小企業は強みが活きないお客様に対して商売を設計してはいけないのです。

価値の大きな商品から逆算して設計する

では、厚利少売の商品設計を行う際

図5−12　商品設計は逆算でつくる

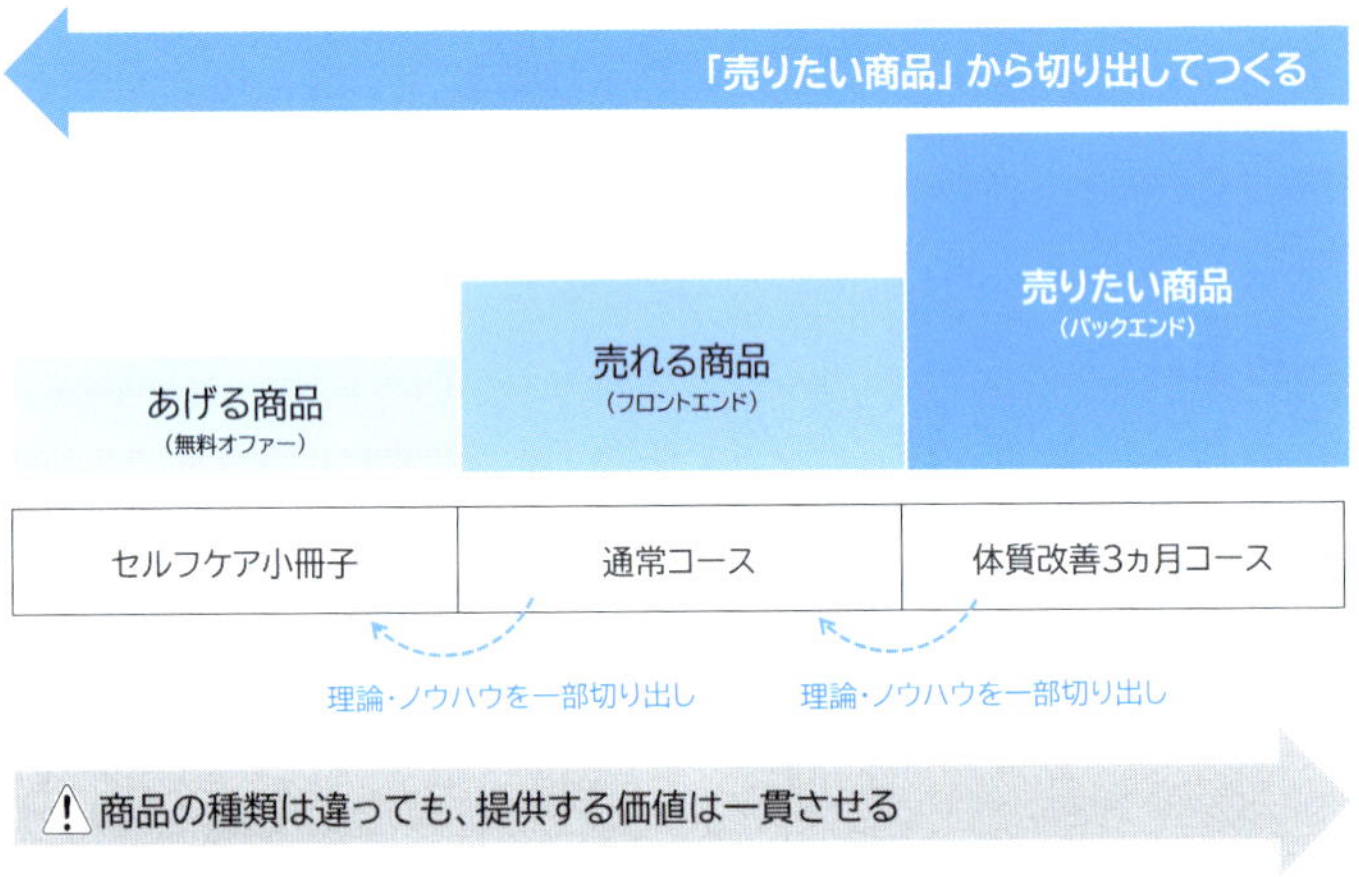

参考／佐藤義典「プロダクトフロー」

には、どのように考えていけば良いでしょうか。

基本的な考え方としては、3つ目の売りたい商品から逆算して作っていくことをおすすめしています。

お客様の一番大きな課題、深い悩みを解決してあげられる「濃い商品」を作って、それを少しずつ薄めて提供していくイメージです。

例えば、先ほどの「体質改善3ヵ月コース」と「通常コース」と「セルフケア」は同じ理論・ノウハウを一部切り出して提供し、少しずつ体験してもらうことで、期待を大きくして不安を小さくしていく設計です。

商品の種類に目を向けると、「役立つ情報」から実際の「施術」に移り、体質改善コースでは、「日々の運動や食生活のコンサルティング」まで行うかもしれません。

このように、商品の種類自体は変わっても、提供している価値が同じであれば問題ありません。

ここで商品設計を行う上で一番重要なポイントをお伝えします。

お客様の一番大きな課題、深い悩みを解決してあげられる「濃い商品」とお伝えしましたが、ここで思い出してほしいのが大きな「3つのルール」全体の流れです。

「ルール②商品設計」の前には、第3章と第4章で解説した「ルール①戦略設計」がありました。その理由は、特定のお客様の、特定の目的（ニーズ）が曖昧なら、曖昧な商品設計しかできないからです。だからこそ、商品設計を行う前には戦略コンセプトの設計を整えておく必要があるわけです。

この大きな「3つのルール」の全体の流れは忘れないようにしてくださいね。

戦略5原則に基づいて商品設計をやってみよう

ここからは実際に、あなたのビジネスを商品設計の考え方に当てはめて考えていくための具体的な方法をご紹介していきます。「戦略5原則」と同じく巻末資料からワークシートをダウンロードできるので、是非お使いください。書き方の見本も同様に入れています。

手帳やノート、裏紙に図5－13の記入欄だけ書いてみるでもOKです。

記入欄には、どんな商品内容にするか？　価格はどうするか？　などを自由に記載してください。また、前述のとおり利益獲得のための売りたい商品（バックエンド商品）から考えていくことをおすすめします。

続いて、その売りたい商品をお客様から信頼されて、売り込まずに購入していただ

図5－13　商品設計ワークシート

あげる商品	売れる商品	売りたい商品
試供品・役立つ情報	有料お試しの商品	本命の商品
認知・集客のため	信頼獲得のため	利益獲得のため
売上0／販促費を負担	低価格／薄利多売	高価格／厚利少売

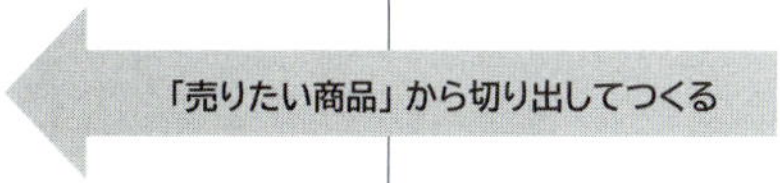

【商品内容】
Webサイトのリニューアル
【提供価格】
40～50万円
【備考】
制作期間3ヵ月程度

参考／佐藤義典「プロダクトフロー」

くためには、2つ目の売れる商品で「商品そのもの」と「提供者」に対する信頼を獲得できている必要があります。であれば、どのような商品にすれば、商品の品質や機能性の高さ、提供者に対する信頼を得られるのか？　というように、**逆算しながら考えていきます**。

それではここからは、商品設計ワークを行う上で、知っておくと役立つポイントをいくつかご紹介しておきます。

無料だからこそ良い商品を作る

あげる商品は「認知・集客」のための商品です。この商品が、ある意味もっとも重要な商品といえます。

なぜなら最初にお客様と出会う商品であり、この商品がお客様の目的（ニーズ）とズレていたり、期待ハズレであれば、その後の商品に進んでいただけないからです。

例えば、来店プレゼントにしたり、ホームページでダウンロードしてもらったり、お客様に無料配布したりすることで、お客様に商品を知って興味を持っていただき、「来店」や「メルマガ登録」「無料相談」など、最初の一歩を踏み出してもらう役割があります。

図5-14 あげる商品のパターン

パターン	説 明	例
試供品 サンプル	商品・サービスの一部を試供品・サンプルとして提供。新作メニューの試食をオマケで提供するのも同じ。	・店頭の試飲／試食 ・新発売のリンス試供品 ・研修動画の無料サンプル
メール講座	メルマガスタンドやライン公式アカウントであらかじめ設定したステップメールを送る方法や、不定期で有用な情報を提供。	・7日で習得！ライティング講座 ・40代の転職成功の秘訣 ・集客できるホームページ講座
無料診断	現在の状態をプロの目線から無料で診断して、結果を伝えることで課題に気づいてもらう方法。Webでもリアルでも可能。	・肌年齢を3分で無料診断 ・集客ホームページ無料診断 ・インスタ診断フィードバック
手順リスト	自分で調べて、実施するのが面倒・難しい事柄の手順を解説して提供。最近は動画解説も増えている。ウェブでもリアルでも可能。	・補助金申請7ステップ ・ワードプレスブログのススメ ・絶品！ 親子丼の究極レシピ
雛形 テンプレート	自分で作ると不安だったり、難しい内容をプロがテンプレートとして楽に確実にできるよう提供。ウェブでもリアルでも可能。	・弁護士が作る基本契約の雛形 ・キャッチコピーの型「10選」 ・ブランドプロフィール設計図

一般的には「無料オファー」「リードマグネット」「無料プレゼント」「ホワイトペーパー」などの呼び名で紹介されます。

現在のようにウェブマーケティングが盛んであれば、多くの売り手が、メルマガ登録やライン公式アカウントを使い、「顧客リスト獲得」を狙ってこのあげる商品を作っています。

多くの売り手が作っているということは、それだけ比較される商品でもあるので、無料とはいえ適当に作らずに、ちゃんとした期待を超える商品を作ることが大切です。

商品の作り方としては、具体的にお客様の「何かが変化する」「何かが身につく」「成果物ができあがる」という情報や体験は、期待を超えやすくおすすめです。

あげる商品のパターンを、図5－14に少しまとめてみました。

商品（現物）がなくても、情報だけでも商品の役割としては十分となる場合は少なくありません。ご参考になれば幸いです。

表面的な課題にアプローチする

こちらも重要なポイントです。

プロとして商品を提供していく以上、お客様本人が気づいていない「本質的な課題」が見えることもあるかもしれません。お客様のことを思って教えたくなりますよね。でも、お客様が気づいていない課題は、お客様にとっては「他人事」であり、無料の商品であっても関係・関心がないので受け取っていただけません。

ですからあげる商品ではまず、お客様が自分事として困っている「表面的な課題」の解決から受け取ってもらうように考えてみてください。そして商品を利用して信頼していただく過程で、少しずつ「本質的な課題」に気づいていただく流れが必要にな

図5−15　表面的な課題からアプローチ

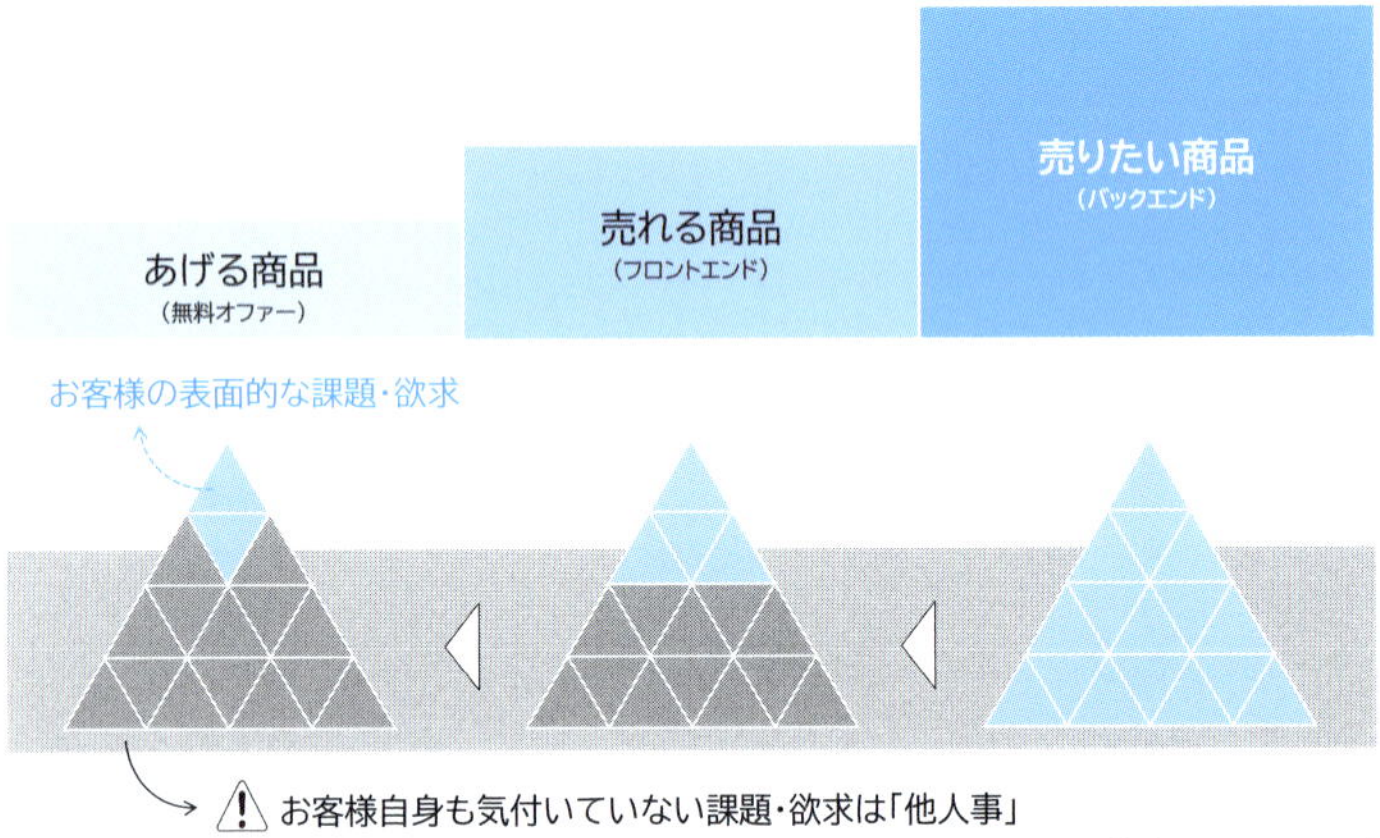

参考／佐藤義典「プロダクトフロー」

ります（図5−15）。

僕のマーケティング戦略思考の例でご紹介します。

職業柄「最近はどんな『集客ツール』が集客しやすいんですか？」とよく聞かれます。これはお客様にとっては関心が強い内容ですね。

本質的には「ターゲット顧客から見て差別化されたコンセプトがあり、その情報がしっかり届くか？」ということが重要であり、何が最適な集客ツールなのかはその条件によって変わるので、ツールありきで決めるのは空回りの原因になり危険です。

　ただし、それを目の前のお客様にそのままお伝えしたところで、「ターゲットとかコンセプトが人事なのはわかっているから、今はどの集客ツールが良いか教えてよ！」と期待値のズレが生まれます。つまり、このタイミングでは自分が気になっていて関心が強いことをまず教えてほしいわけです。

　このような場合には、あげる商品として「2024年最新版！　業界別集客ツールの選び方」というような情報で関心をキャッチし、まずはお客様が知りたいことを、手を抜かずにお伝えしていきます。この部分で手を抜いてしまうと「期待ハズレ」になってしまい話を聞いてもらえないからです。

　その情報を届けるなかで、「そうはいっても、ご紹介した最新ツールは、既に強い競合はみんな使っていますよね？　では、そんななかで強い競合と比較されずに選ばれる方法はご存知ですか？」というように、お客様の関心に寄り添うカタチで本質的な課題に気づいていただくように設計していきます。

　簡単にいうと、「自分がいいたい本質的なこと」をいう前に、「お客様が聞きたいこと」をお伝えして、話を聞いてもらえる状態をつくろう！　ということです。

これは僕自身が5年以上、間違っていたことでもあり、戒めとして載せました。特にお客様が気づいていない「本質的な課題の解決」を売るタイプの商品・サービスを扱っている方はぜひお気をつけください。

ちなみにこのことをマーケティング用語では「顧客教育」や「顧客ナーチャリング」といいます。用語自体は覚えなくてもOKですが、知っている方は「あぁ、あの話ね」と結びつけると理解が深まると思います。

高単価にこだわりすぎない

利益獲得のための「売りたい商品」は、必ずしも「高単価」にこだわりすぎる必要はありません。

起業ブームをけん引するSNS界隈では、高単価を煽《あお》る言論がいささか強すぎる気がしています。

確かに厚利少売の考え方からすれば客数を絞り単価を上げることで、特定のファンに大きな価値を提供するモデルは良いことでしょう。しかし、「高単価」が先行しすぎて価値が伴わない商品はお客様だけではなく、売り手も不幸にします。

薄利多売の低単価か、厚利少売の高単価か、「1」か「100」のように極端に考

図5−16　売りたい商品はサブスクや回数券でも良い

月額料金制	顧問契約 ／ 習い事の月謝 ／ 月極駐車場 ／ 新聞・雑誌の定期購読 オンラインサロン ／ ファンクラブ ／ 化粧品の定期購入 など
使い放題系	レンタルオフィス ／ アマゾンプライム ／ Office365 など
回数券	スポーツジムや整骨院などの回数券 ／ 交通機関のチケット など

えるとおかしくなります。自社の理念とお客様を見てバランスよく考えましょう。

例えば1回の単価は安くても、長いお付き合いで継続して料金をいただけるような、図5−16のモデルで考えていくのも立派な利益獲得の商品です。アイデアの1つとして参考にしてください。

なお、第8章では、「戦略5原則」でターゲットとコンセプトを見直し、薄利多売から厚利少売に見事にチェンジされた、小さな会社の秀逸な事例もご紹介しています。

商品設計のアイデアが湧かない場合の対処法！

本書でご紹介する「3つのルール」は、時代・業種・地域を問わない内容であり、どのような事業でも適用できる考え方です。ということは、あなたと同じ業種、構造が似ている別業種でも使われているはずです。

商品設計の「考え方の考え方」さえ知っていれば、そのような会社の商品設計のアイデアを模倣して、あなたのビジネスモデルに最適化して組み込むことだってできます。そうすれば、マーケティング戦略の可能性は無限大になっていきます。

あなたと同じ業種や似ている別の業界ではどのように「知っていただく商品」「信頼していただく商品」「利益をいただく商品」を作っているか？　ということを、先程のワークシートに外部から知り得る範囲だけでも書き込んでみてください。それだけでもさまざまなアイデアを得ることができます。

特に「あげる商品」「売れる商品」については、ウェブサイトやSNS、商品ページ、メルマガなどを見れば、かなりつかめると思います。ぜひ試してみてください！

まとめ　第5章　コレだけはおさえておこう！

○商品・サービスを検討する際には、お客様のココロの中で必ず心理的な2つのチカラ「商品への期待」と「購入への不安」が発生する

○まずは知っていただき、信頼され、利益を得るという当たり前の話

○ルール①特定のお客様の特定の目的（ニーズ）が曖昧だと、曖昧な商品設計しかできない

第6章

ルール3

「集客設計」マインドフローで整える集客の流れ

移り変わりの激しい集客ノウハウに翻弄されている方は必見です。最新の集客理論を知らなくても事業で失敗することはありませんが、300年以上変わらない基礎的なお客様のココロの流れを知らなければ、高確率で失敗します。無限にすら感じる集客課題は実はどんな事業でも7つしか存在しません。

「集客設計」は「戦略設計」「商品設計」と連動する

いよいよ、3つ目のルール「集客設計」の考え方です。

どれだけ素晴らしいコンセプトと、秀逸な商品設計があっても、そもそもお客様が商品の存在を知らなければ売れることはありません。ここから先は、お客様が商品を知ってから、購入、利用し、ファンになっていただくまでの流れをつくる「集客設計」の考え方です。

1つ目のルール「戦略設計」、2つ目のルール「商品設計」と連動して設計することによって、効果的に集客し、ファンを増やしていくことができるようになります。

ここまでの2つのルールも念頭に置きながら読み進めていただければと思います。

部分的な集客ノウハウの前に集客の全体像から理解しよう

本書でご紹介している3つのルールの中でも、売り上げ、利益にもっとも近い場所なので、多くの人の関心の高い領域でもあります。

世の中の「マーケティング」と名のつく書籍、セミナー、コンテンツ、その他情報の大半は、この領域の内容なので、「マーケティング＝集客や販売促進のこと」と思っている方も多いようです。

例えば、

- ホームページの作り方
- メルマガの書き方

- ライン公式アカウントの使い方
- SEO対策/MEO対策の方法
- インスタグラムなどの各種SNSの使い方
- ウェブ広告の使い方
- キャッチコピーの作り方
- サムネイルのデザインの作り方
- 営業・セールスのノウハウ
- メディアへのプレスリリース

などなど、世の中には多くの集客や販売促進、情報発信のツール、ノウハウが出回っています。どれも、お客様に価値を届けるためには重要なものです。

しかし、どんなツール、ノウハウも単独で考えてはいけません。「集客全体の構造」の中でそれぞれの役割を意識しながら組み合わせて、はじめて効果があります。

「集客全体の構造」を意識せずに、ツール、ノウハウにばかり目を向けてしまうと、何のために、どう使うのか？　何が課題で、どこを修正すれば良いのか？　ということがわからなくなります。

その結果、アレもコレもと手を出して、どれも中途半端になってしまい、時間も資金も消耗してしまいます。

まずは個々のノウハウ、ツールではなく、「集客全体の構造」を理解して、その中であなたの事業にあった適切なノウハウ、ツールを選ぶほうが合理的です。

この3つ目のルールもこれまでと同様に、売り手の目線で考えると難しく感じるかもしれません。しかし、お客様の目線に立ち返れば、すべて当たり前に感じることばかりです。

理解しておくことで、さまざまな集客ツールやノウハウの情報が飛び交う中で、あなたの事業にとって何が必要で何が必要ではないのか、その選択ができるようになります。

さらには一つひとつのツールやノウハウを適切な役割で使えるようになり、集客コストを削減することもできます。

それでは詳しくみていきましょう。

購買行動モデルとマーケティング・ファネル

マーケティングの世界では、お客様が商品・サービスを認知してから購入するまでの一連の行動を分解し、パターン化した「購買行動モデル」という考え方が広く知られています（本書では詳しく説明しないので用語自体は覚えなくて大丈夫です）。

インターネットの普及やスマホやSNSの普及など、時代ごとのツールや手法の変化に対応して次々と生み出され、既に両手じゃ足りないほどさまざまなモデルが出現しています。

有名なところだと「AIDMA《アイドマ》」や「AISAS《アイサス》」「AIDCAS《アイドカス》」など、さまざまなビジネス書でも紹介されていますね。

図6−1　購買行動モデルとファネル

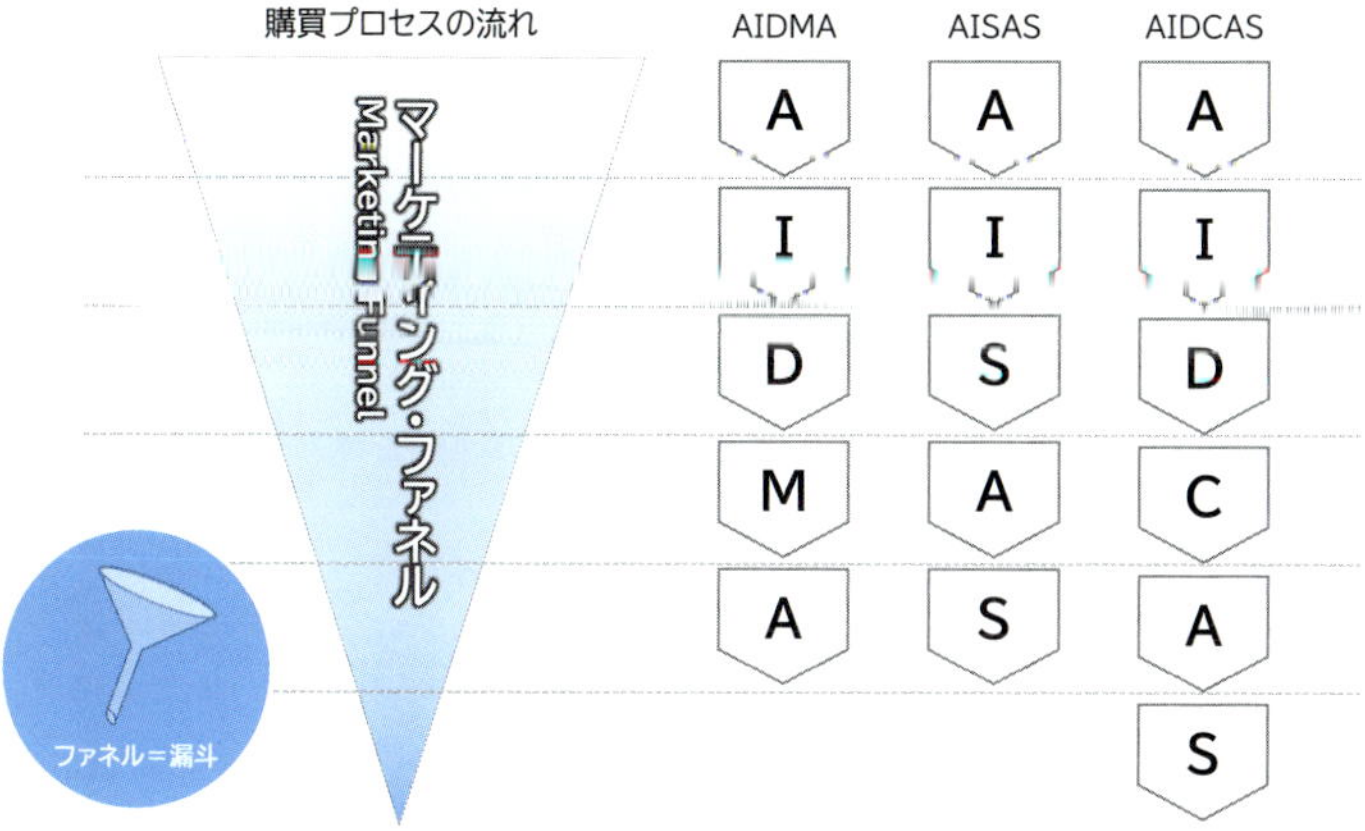

これらの理論は、ウェブマーケティングでは水を流し込む「漏斗《ろうと》（ファネル）」に見立ててマーケティング・ファネルと呼ばれています。

どの購買行動モデルを採用するかは、業界や商材によって合う／合わないがありますし、企業やコンサルタントによっても、何を好んで使っているかは違います。

どの購買行動モデルを採用しても、究極的には使いこなせれば問題はないのですが、「〇〇は合う、〇〇は合わない」とか「〇〇は前は良かったけど、今は合わなくなってきている」などと考えるのは、マーケティングの専門家でもない限り現実的ではあ

図6−2　佐藤義典氏の「マインドフロー」

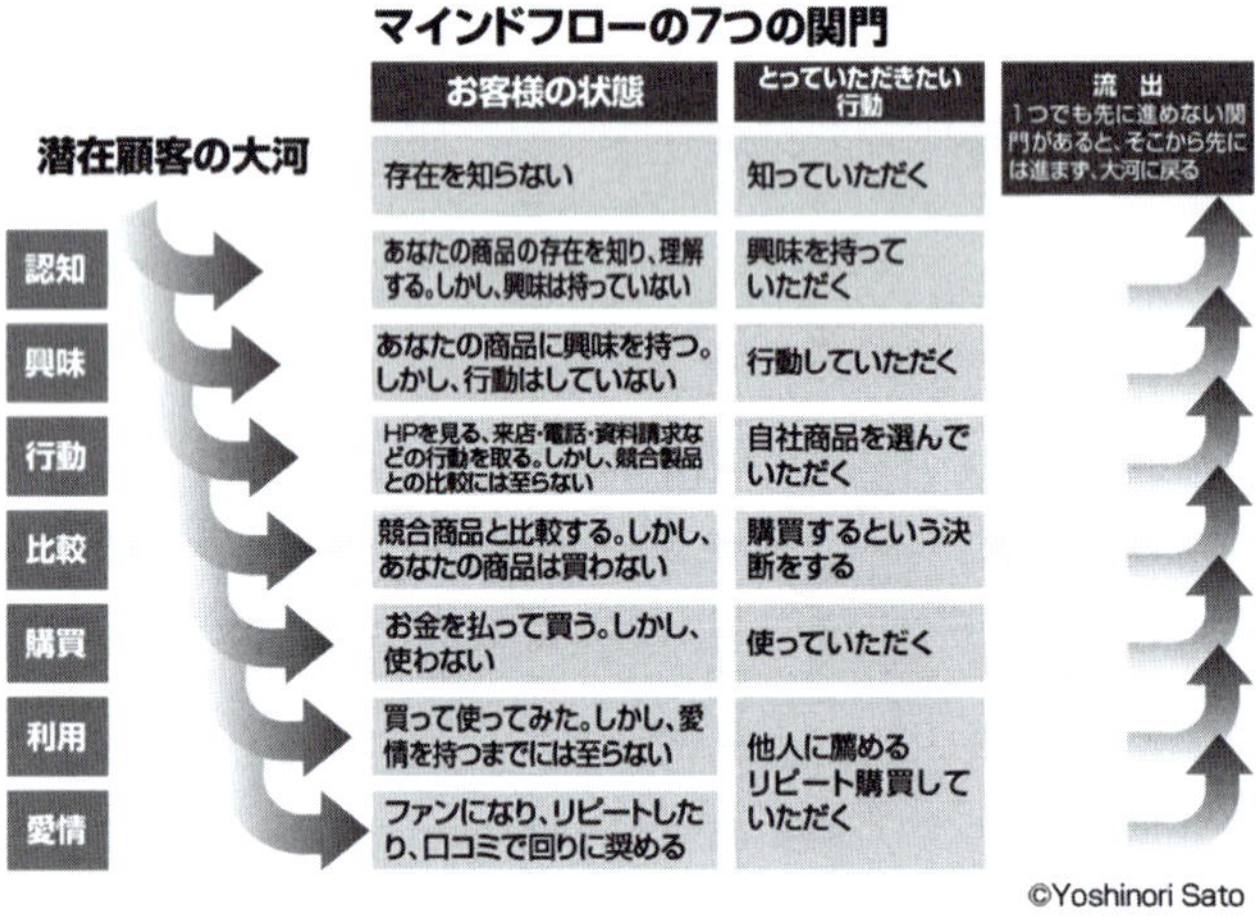

佐藤義典著、『図解　実戦マーケティング戦略』日本能率協会マネジメントセンター、P.97より転載

りません。

そこで、ご紹介したいのが「プロダクトフロー理論」に続き2度目の登場、ストラテジー&タクティクス株式会社の佐藤義典氏が考案した「マインドフロー理論」です（図6−2）。

名前のとおり、お客様が買い物をするときの「ココロの流れ」に着目し、時代ごとのツールや手法の変化によって大きく変わることのないプロセスを見事に定義した、シンプルで使いやすい理論です。

『図解 実戦マーケティング戦略』にはこうあります。

『マインドフローは、お客様から見て、あなたの問題がどこにあるのか、お客様がどこで止まっているのか、を体系的にモレなく考えていく手法です。

マインドフローは、お客様の心の動きの流れ、という意味で名付けました。川の流れのように、無理なく、強制することなく、自然にお客様に動いていただけるように、という思いも込められています。』（佐藤義典著、『図解 実戦マーケティング戦略』（日本能率協会マネジメントセンター、P.96）

※本書では、開発者・佐藤義典氏に許諾をいただいた上で、「マインドフロー理論」をお借りし、集客設計についての解説を行っています。以降の図解や解説は、佐藤氏の著書引用と併せて、僕の独自の解釈を交えた内容になります。引用部分は『　』で表記します。

最高にシンプルな購買行動モデル

基本的にはどんな業種でも、お客様が商品・サービスを認知してから購入するまでの一連の流れは図6－3のとおり「認知」↓「興味」↓「行動」↓「比較」↓「購買」↓「利用」↓「愛情」の7つの関門（ハードル）を通って流れていきます。これが、佐藤義典氏が著書『事例でわかる 実戦顧客倍増マーケティング戦略』（日本能率協会マネジメントセンター）で紹介している「マインドフロー」です。それぞれ関門を通過する条件があります。例示しながら簡単に解説していきます。

第1の関門 「認知」

『潜在顧客は自社の商品・サービスを「知らない」状態から始まりますから、まずはお客様が「知る」すなわち「認知」することから全てが始まります。』（佐藤義典同著、P.36）

図6−3　マインドフロー理論（筆者作図）

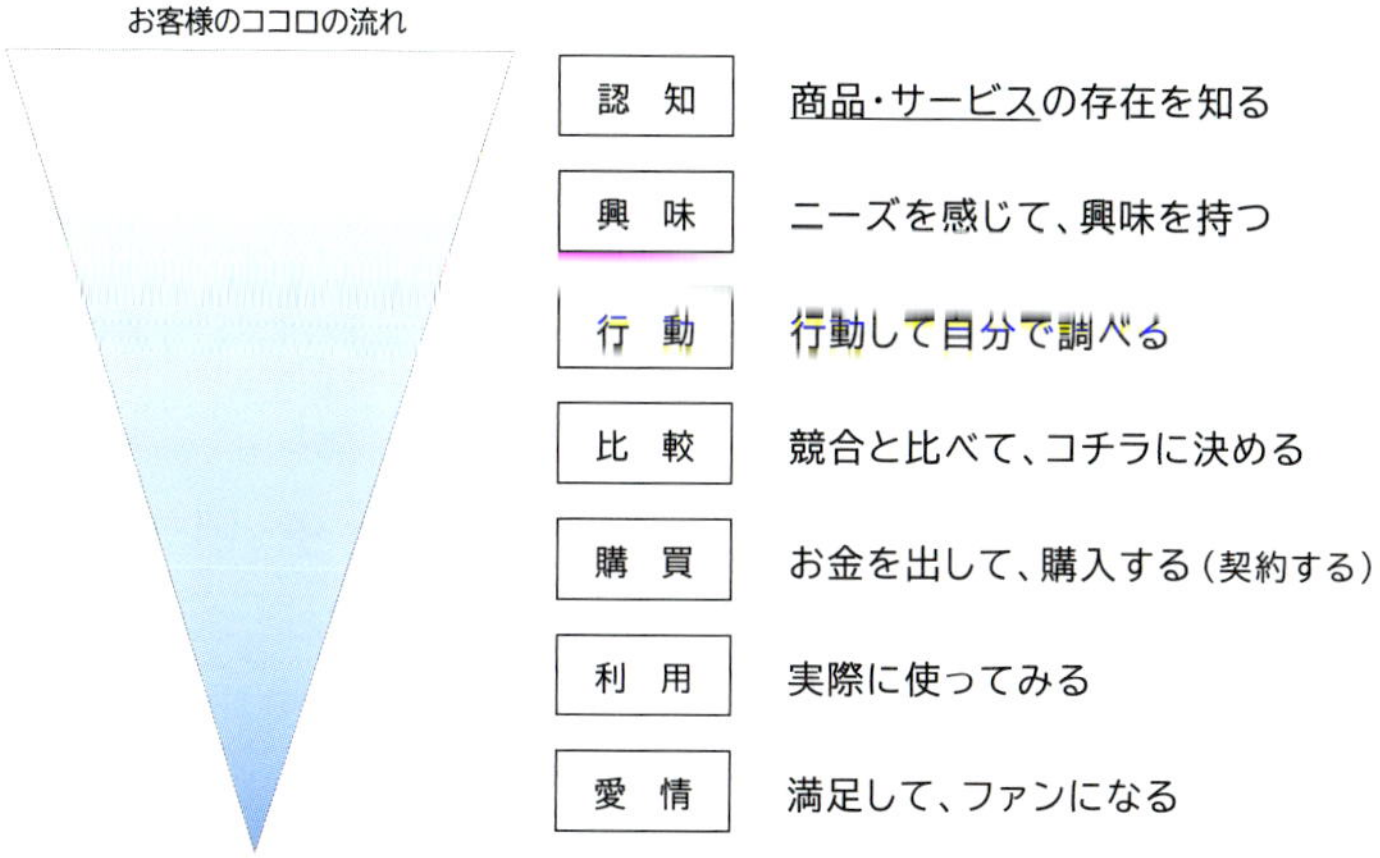

『図解 実戦マーケティング戦略』（佐藤義典著）P.97の図より、筆者が引用・改変、以下略

認知とは「道を歩いていて、看板や店舗を見て知った」「友達のSNSの投稿で知った」「YouTubeを見ていたら広告が流れてきて知った」など、何かしらの方法で**商品、サービスの存在を知る**ということです。どんな商品でも「存在に気づいてもらう＝知ってもらう」ということがスタートです。

第2の関門「興味」

『「認知」がある（＝知っている）ことと「興味」があることは違うことです。』（佐藤義典同著、P.37）

「存在は知っているけど、興味のない商品」は世の中に限りなくありますよね？

「自分に役立つかも！　関係あるかも！」と思って、何かしらの「期待感」が芽生えることによって、**商品・サービスに興味をもつ**というのが2つ目の関門です。

第3の関門　「行動」

次は、あなたが何かの商品・サービス・店舗などを見つけて、「興味」を持った場合を思い出してみてください。興味を持ったら、次は何をしますか？　恐らく、その商品・サービス・店舗について調べませんか？

スマホを取り出してSNSやYouTube、食べログなどで検索したり、パソコンでホームページを見たり、資料請求をしたり、来店して実物を手に取ってみたり。**体を動かして、情報を収集して調べる**ということを行うはずです。

『「行動」関門でお客様が止まるということは、「欲しいな」とは思ったものの、わざわざ行動するほどでもない、または行動するのが非常に大変、というような、**行動にあたっての障害 ＞ 商品・サービスへの興味**という状態になってしまっている、ということです。』（佐藤義典同著、P.38）

第4の関門「比較」

4つ目の関門は「比較」です。行動して情報収集して何をしているのかといえば、**比べることで検討**しているわけです。ここでの競合というのは、お客様が目的（ニーズ）を達成するための、お客様の中にある選択肢のことを指しています。

もっと簡単にいうと、「買わない。自分で何とかする」という選択肢も含めて、お客様は比較検討しているということです（戦略5原則の原則③「競合」はここのお話です）。

『お客様が「行動」関門を越えたということは、お客様の「欲しい」の確度が高まっている、ということです。通常、その後は「他にどんなものがある？　どれがいいのだろう？」と考える、すなわち「競合を探し、それと比べる」ということをします。』

（佐藤義典同著、P.39）

第5の関門　「購買」

『「比較」関門を越えたということは、お客様が「買うならこの商品・サービスだ」と決めた、ということです。』（佐藤義典同著、P.40）

商材によって変わりますが、**お金を出して購入する・契約書にサインするなど**がこの関門にあたります。

売り手目線では、ついここで終わってしまいがちですが、お客様の購買行動をココロの流れで考えるマインドフローではまだ続きます。

第6の関門　「利用」

『お客様は、買ったら、使います。使うために買うのです。当たり前のことではある

のですが、売り手は「売ったらそれで終わり」と思ってしまいがちになります。』（佐藤義典同著、P.41）

お客様が価値を感じるのは「購入」したときではありません。

例えば、アマゾンでポチったときに一番楽しい！　美味しい！　なんてことはありませんよね。お客様が価値を感じるのはいつでも商品を「利用」したときです。

期待どおりだったか、期待ハズレだったか、期待以上だったかがわかるのはこの「利用」の関門です。買ったけど利用していない商品のファンになることはありません。というわけで、購入した後に**利用する**というのがこの関門です。

第7の関門　「愛情」

『この関門を越えると、お客様はファンになる、と申しますか、この関門を越えた人を「ファン」と呼びます。』（佐藤義典同著、P.42）

商品に満足して愛着をもち、リピートしたり、人に紹介したりファンになっていく状態です。

ちなみに、SNSを中心に「ファン化」という考え方がよくみられます。商品・サービスの提案・販売の前に、まずは自分自身のファンになっていただくというものです。実はこれも対象が商品・サービスではなく自分自身というだけで、「認知」から「愛情」までの流れはほぼ同じです。

基本的には100円のものを売っても、1億円のものを売っても同じ流れになります。

また、7つの関門の流れる速さについても、自動車や住宅を買う時のように、認知から愛情までの時間がある程度、長い場合もあれば数十秒の場合もあります。

『お客様が飲料コーナーで立ち止まって飲料を買い物カゴに入れる（「認知」→「比較」）までの時間は、わずか数秒かもしれません。が、その短い時間の間にお客様は脳内で膨大な情報処理をしています（それを意識しているかしていないかは別にして）。

「購買」から「利用」も、買って店を出てプシュ、とフタを開けて飲み終える、という数十秒の間に終わるかもしれません。

この数十秒～数分の間に、お客様がファンになるかどうかが決まる（ことがある）のです。』（佐藤義典同著、P.47）

とあるように、ある程度の期間が必要な場合も、数十秒の場合でも、基本的には同じ流れを通ります。

なお、ここでは大きく7つに分けていますが、事業の実態に合わせてさらに細かく分解しても問題ありません。

集客の課題は7つしか存在しない

ここからは、もう少しわかりやすく、抽象化して説明を続けます。

市場を「川」に見立てて考えてみましょう。その「川」の中に、お客様がいるイメージです。

お客様は、SNSや広告宣伝、人の紹介など、さまざまな方法であなたの商品やサービスを知ります。そして、興味を持って調べて、比べて、買って、使って、ファンになるという流れです。

しかし、「100人が認知して、100人がファンになる」なんていうことはなく、必ずお客様はどこかで流出していきます。それぞれの関門を超えずに離脱していくというわけです。

図6−4　集客の課題は7つしかない

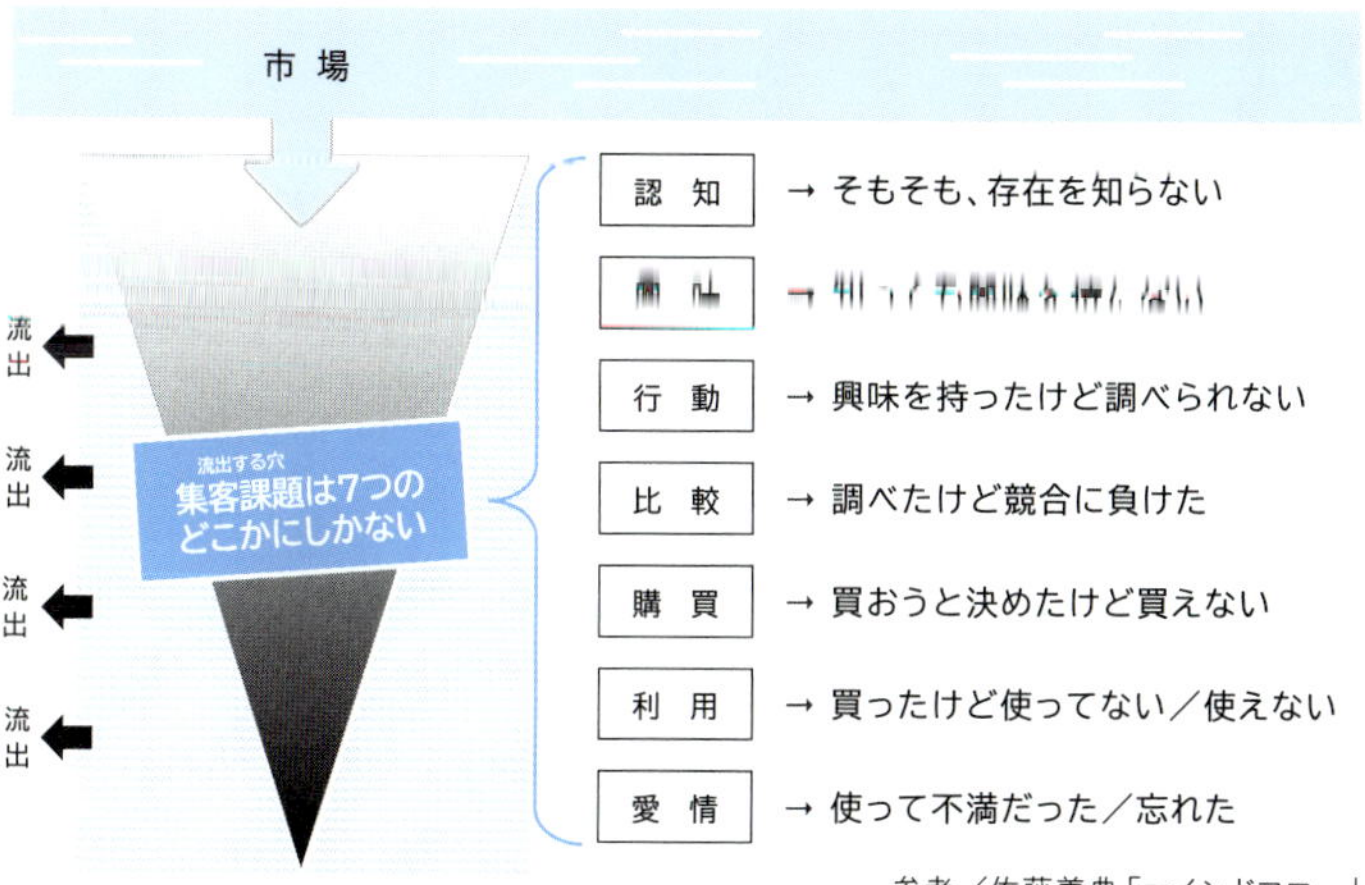

参考／佐藤義典「マインドフロー」

このお客様のココロの流れの中には、お客様から見て「穴」が空いている場所があります。その穴を塞ぐことによって効率的に集客を成功させファンを増やす考え方のことを、本書では「集客設計」と呼んでいます。

その集客の「穴」というのは、実はどんな商売でも7つの関門のどこかにしかありません。別の言い方をするならば、無限にありそうな集客の課題も、分けて考えれば7つのどこかにしか存在しないということです（図6－4）。

それでは、それぞれの関門で発生する「集客課題」にはどのようなものがあるか具体的に見ていきましょう。いずれも、お客様の立場に立ち返ることさえできれば、普段感じている当たり前のことばかりと思えるはずです。

「認知」で止まる理由

ここが7つのうち最大の理由です。認知で止まる理由は、そもそも商品の存在を知らないからですね。

お客様の立場になって冷静に考えてみると、世の中の商品、サービス、お店などの99・9％以上を僕たちは知りません。当たり前ですが、知らないので興味も持てないですし、調べたり比べたり、買ったり使ったり、ファンになったりはしませんよね。

「興味」で止まる理由

存在は知っているけど、興味がない商品はたくさんありますよね？　知っていることと興味を持っていることは別の話なので、分けて考えます。「興味関門」で止まると興味がないので、それ以上の行動に繋がりません。

ちなみに、興味がないことと、ニーズを感じていないことは別のお話です。考え方としては以下の通りです。


『「興味がない」とは、「ニーズを感じていない」ということです。「ニーズがない」とは限りません（ニーズがないのであれば、それはそもそも顧客ターゲットの想定自体が誤っている、ということになりますね）。ニーズが潜在的にあったとしても、その潜在ニーズに訴えかけない限り「興味」関門を越えられませんから、ニーズを喚起するような伝え方ができていない、ということかもしれません。』（佐藤義典同著、P.37）

「行動」で止まる理由

知って、興味を持ったら、次は「行動」を起こします。

ここでお客様目線に立ち返ってみましょう。例えば、このようなご経験はありませんか？　何らかの商品・サービス・店舗に興味を持って調べたけど、調べ方がわからなかった、検索でヒットしなかった、ホームページに自分の知りたいことが書いてなかった。結局、面倒くさくなって買わなかった……というご経験、きっとありますよね？　よほど興味が強くない限り、このような理由でお客様は「行動関門」で流出していきます。

「比較」で止まる理由

次はお客様の頭の中で起こる比較検討です。検討する対象は「買わずに自分で何とかする」ということも含めて、常に「お客様が選べる範囲の選択肢」の中にあります。

ここで、明確な選ぶ理由・買う理由が見つからない場合や、他の競合サービスのほうがお客様にとってより都合が良ければ、「比較関門」で流出してしまいます。

「購買」で止まる理由

比較検討して買おうと決めたけど、在庫がなかった、手続きが面倒だった、買い方がわからなかった、支払い方法が望む形じゃなかったなどの理由で買えなかったということもありますよね。

購入をほぼ決めている状態なので、ここで流出するのはもったいないことです。例えば手数料が発生するにもかかわらずお店がクレジットカード決済やQR決済を導入する理由は、決済しやすくすることで「購買」関門でのお客様の流出を避けるためです。

「利用」で止まる理由

ここから先は、お客様が購入した後の話なので見落としやすいところです。飲食店のように購入と同時に利用する商品ではない場合は特に注意が必要です。

ここで止まる理由としては、買ってみたけど使い方がよくわからなかった、設定が面倒でやめてしまった、などがあります。お客様は使ってみて期待値を超えたときにファンになるので、使ってもらう工夫も必要です。

「愛情」で止まる理由

最後の関門で止まる理由は、使ってみて不満足な場合です。ここで、はじめて商品改良が必要かどうかの話になってきます。

またもう1つの理由として、使ってみて期待どおり・期待以上で満足したけど「時間が経って忘れた」ということも起こります。例えば、ある商品・サービス・店舗を利用して満足したけど、時間が経って熱量が冷めて、そのうち存在自体も忘れてしまったというご経験が、あなたにもあるのではないでしょうか?

このように集客の課題は大きく7つに分解して考えることができます。

これはマインドフローに限った話ではなく、他の購買行動モデルを利用した場合でも、基本的な考え方は同じです。段階的に分けずに「勘」と「経験」で対策を講じてしまうと、実は良かったポイントを改悪してしまうことも少なくありません。

だからこそ「集客全体の構造」を理解して、課題を分けて考えることが重要です。

その具体的な内容は後ほど詳しく解説します。

最新理論より100倍大切な基礎

マーケティングツールは日々進化していきます。

SNS上で買い物をしたり、クレジットカードやQR決済を利用したり、お客様が買い物をする際に利用するツールもまた日進月歩で進化しています。

デジタル化が進み、昔と今では買い物をするときの「行動の流れ」が大きく変わったことは誰でも実感していることでしょう。

しかしどんなにツールが変化して「行動の流れ」が変わっても、「認知」→「興味」→「行動」→「比較」→「購買」→「利用」→「愛情」というお客様の「ココロの流れ」はそれほど大きく変わるものではありません。

図6－5　お客様のココロの流れは大きく変わらない

300年以上前のお客様

認知 → 知らない商品に興味は持てない

興味 → 興味がない商品は調べない

行動 → 調べられなければ比べられない

比較 → 他の選択肢の方が良ければ買わない

購買 → 買いたいけど、買えなかった

利用 → 使わないと価値が分からない

愛情 → 不満・忘れたらリピート・紹介しない

参考／佐藤義典「マインドフロー」

例えば、300年以上前、江戸時代の町人をイメージしてみてください。彼らも、知らない商品には興味の持ちようがないはずです。調べて比べてみた結果、「これなら自分でできる」「いつも使っているお店のほうがいい」と思ったら、その商品を買うことはありません。買ってみて使ってみて不満だったら、リピートしたり誰かに紹介したりはしないでしょう。当たり前ですね。

このように、お客様の「ココロの流れ」自体は時代によって大きく変わることはありません。

マーケティングを学ぶときに、最新の理

論、最新のツールが目につくので新しい理論を知らないといけない気がしてしまうかもしれませんが、最新のマーケティング理論を知らなかったことが原因で経営破綻する企業なんてありません。

しかし、このような時代・業種・地域を問わず普遍的なマーケティング戦略思考の基礎＝土台を知らなければ、高確率で失敗してしまいます。だからこそ本書では「基礎が大事」とお伝えしているわけです。

集客設計と商品設計との関係性

お客様に対して行うすべての活動は、基本的にマインドフローの7つの関門のどこかに入ります。それは集客に限った話ではありません。第5章でご紹介した「商品設計」も同じです。

商品設計は、役割を3つに分けて段階的に商品を体験していただくことで、お客様の期待を大きくして不安を小さくするという内容でした。

『「あげる商品」は、認知・興味を上げるために使えます。まずは「無料！」で引きつけて認知・興味を高め、そして、「売れる商品」で、一度購買を体験してもらいます。そこで顧客情報を取る、購買に慣れてもらう、などをしたうえで、「売りたい商

図6−6　佐藤義典氏の「プロダクトフローとマインドフロー」

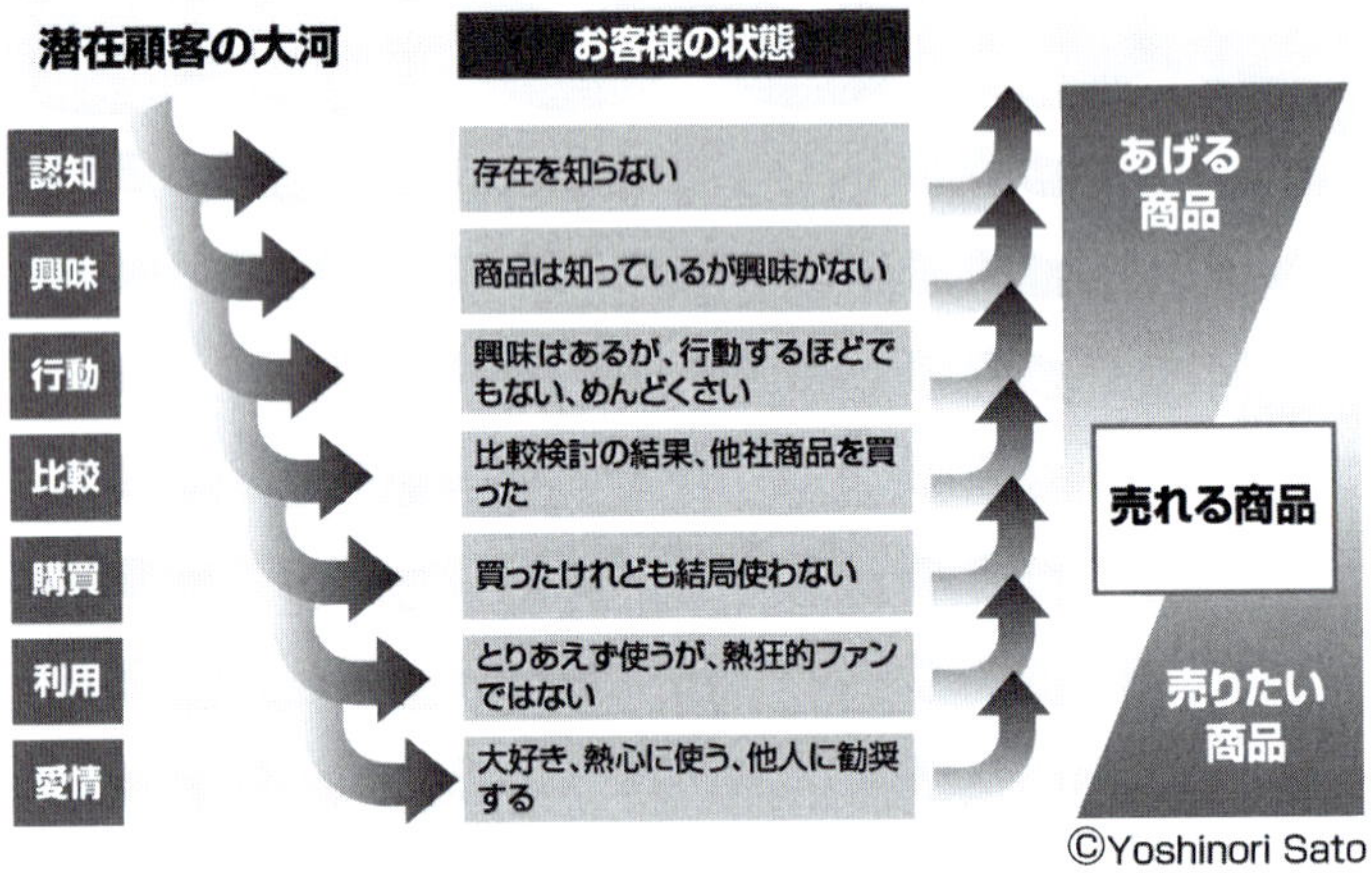

佐藤義典著、『図解　実戦マーケティング戦略』、日本能率協会マネジメントセンター、P.225より転載

品」を売る、とスムースに流すことができます。』（佐藤義典著、『図解　実戦マーケティング戦略』、日本能率協会マネジメントセンター、P.225〜226）

図6−6のように、商品設計とお客様のココロの流れが連動するように、仕組みを設計していくことが大切になります。

ちなみに、「商品設計ワーク」のそれぞれの商品の役割を念頭に置きながらワークシートを埋めることで、自動的にお客様のココロの流れと連動するようになっているので、ご安心ください。

王道的なウェブ集客とリアル集客の流れの構造

商品設計と、集客・情報発信で使うツール・媒体を、同じ方向に向けること。そして、必要なものを、必要なタイミングでお客様のココロがたどれるように組み立てていくこと。これで王道的な集客のプロセスができあがります。

この流れをお客様にたどっていただくと、第5章でお伝えした「期待を大きくしながら、不安を小さくして、売り込まずに売れる」という状態が実現されます。

これは、オンラインでのウェブ集客も、店舗などが行うオフラインでのリアル集客も、考え方はまったく同じです。

図6−7　「商品設計」と「集客設計」の連動

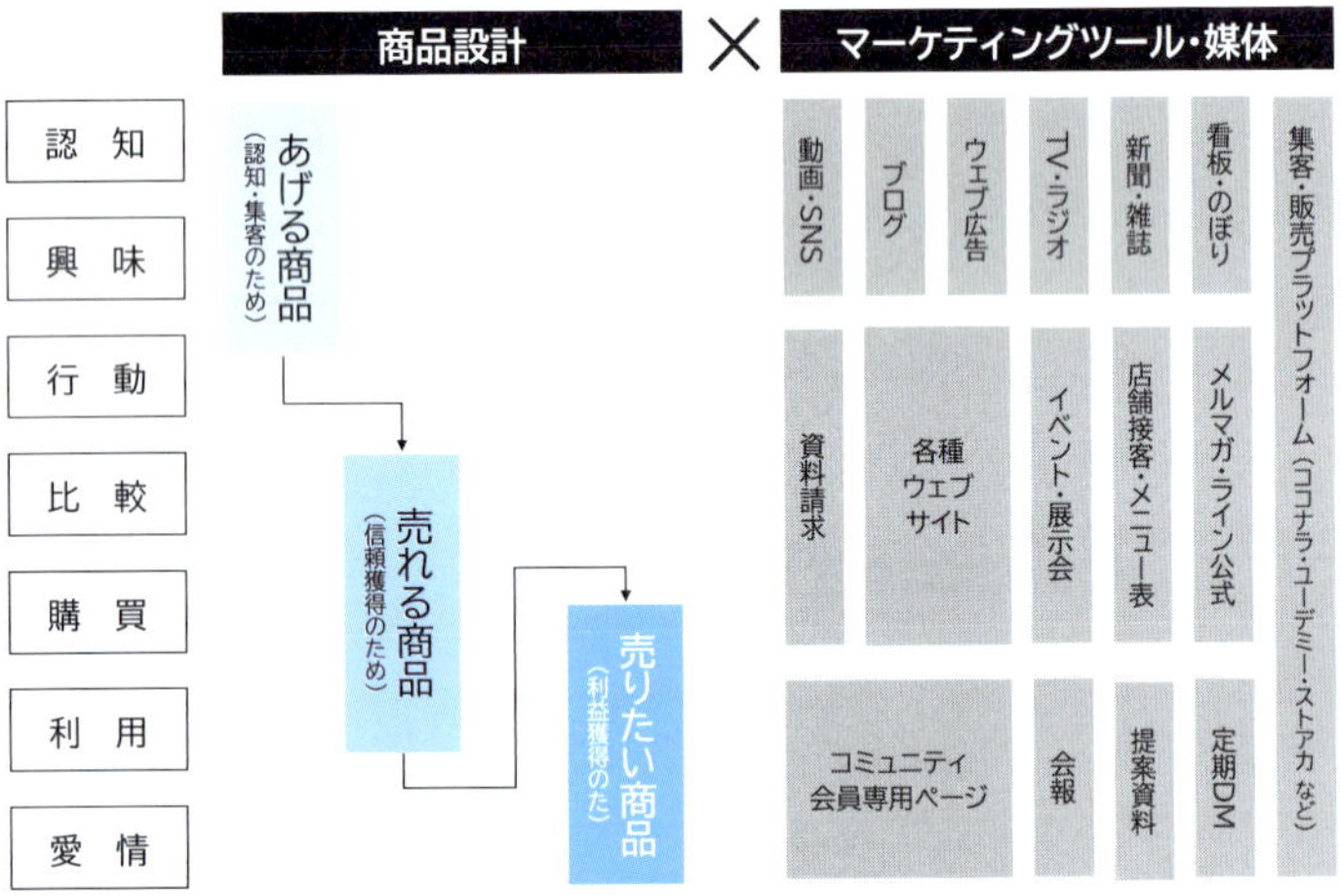

『図解 実戦マーケティング戦略』（佐藤義典著）P.225の図より、筆者が引用・改変、以下略

王道的なウェブ集客の組み立て方

まずはウェブ集客から。

インターネットを見ると、とてつもない数の「ウェブ集客」に関する情報が流れてきます。ブログ集客、MEO（グーグルマップ対策など）集客、インスタグラム集客、フェイスブック集客、YouTube集客、ライン集客、メルマガ集客など、「〇〇集客」と名のつく集客テクニックは無数に存在します。それぞれツールや媒体ごとのテクニックは違っても、集客全体の役割から見た

図6-8　王道的なウェブ集客の流れ

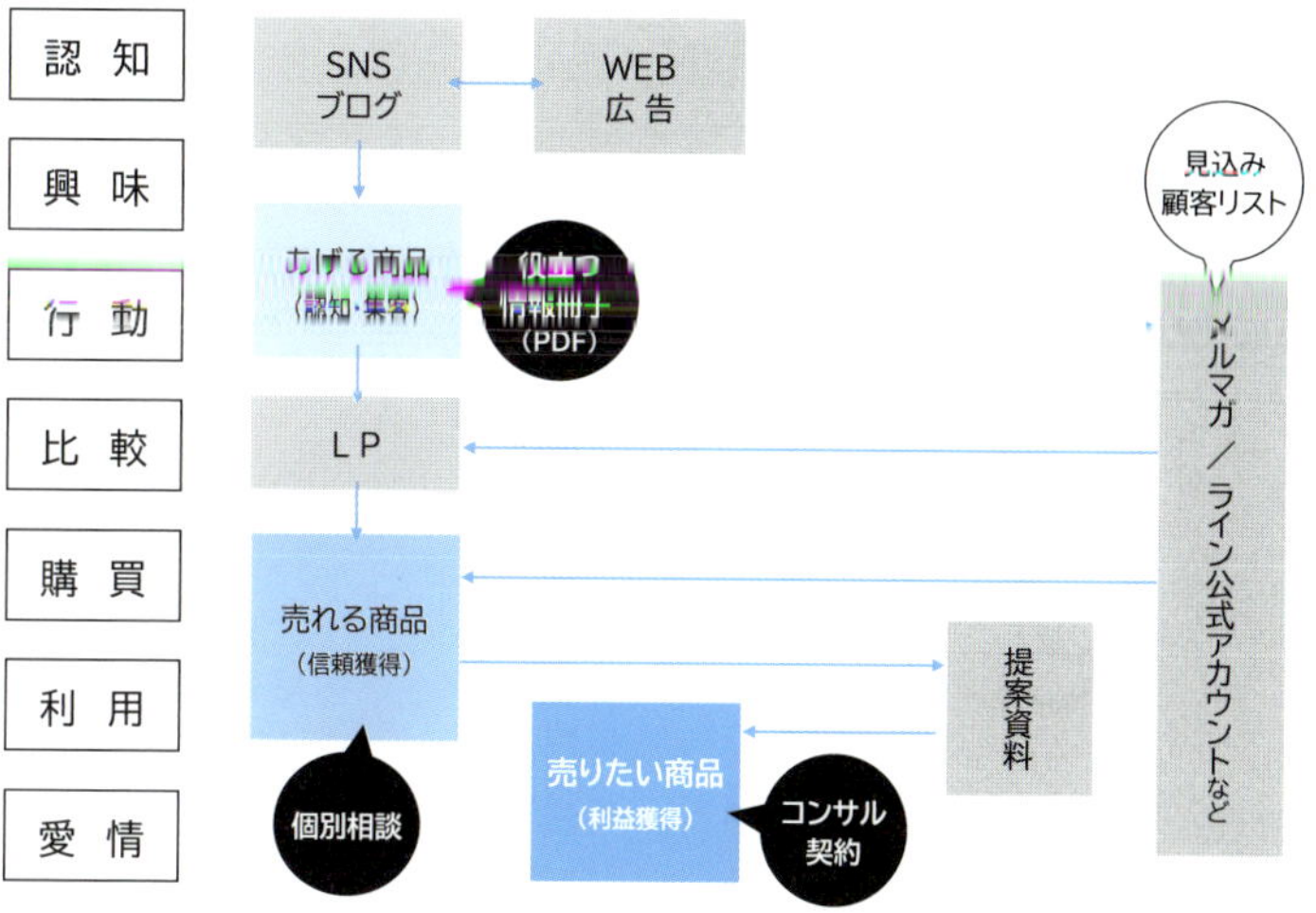

参考／佐藤義典『プロダクトフローとマインドフロー』

場合、実はほとんどやっていることは同じです。

基本的には、どのような商材・業界でも、ウェブ集客の最初のゴールとして「顧客リスト」の獲得に注力します。リスト獲得後は顧客教育（価値の提案・啓発）を行うことでお試し商品、利益獲得の商品へ誘導。さらに、継続してリピート購入していただく流れを構築し利益最大化という流れですね。

王道的なパターンをご紹介します。まずは、SNSやブログ、広告などを使って存在を認知してもらい、興味を持っていただきます。

興味を持ってもらったら、役立つ情報冊子や診断コンテンツなど（あげる商品）を無料提供するかわりに、メルマガやライン公式アカウントなどに登録してもらう流れをつくります。これで「顧客リスト」の獲得は完了です。

顧客リストが手に入れば、そこから価値提案や啓発などの顧客教育を行いながら、低価格でリスクの低いお試しの売れる商品（フロントエンド商品）を購入してもらい、最終的に利益獲得のための売りたい商品（バックエンド商品）をご購入いただくという流れです。

他にも、お試し商品で関係性をつくってからライン公式アカウントやメルマガなどに登録を促す場合もあります。

細かい違いはありますが、ブログ、MEO（グーグルマップ対策など）、インスタグラム、フェイスブック、YouTube、ライン、メルマガなどを、どのタイミングで何のために使うかを紐解いてみると、ほぼこのカタチになります。

目新しい「〇〇マーケティング」「〇〇集客」に安易に飛びつかずに、どのような構造なのか？　どんな役割で使うのか？　他との違いや、あなたの商材・ターゲットに適しているのか？　など、検討してみることが大切です。

王道的なリアル集客の組み立て方

リアル（オフライン）集客も見ていきましょう。

個人を対象にした飲食店やサロンの集客も、法人を対象にした営業活動などのリアルの集客も考え方は同じです。

ここでは、店舗集客をイメージして考えてみましょう。

リアル集客の場合も、ウェブ広告やSNSなども認知・興味でウェブを利用するのは有効な手段です。

しかし、大通りに面した店舗がある場合は、店舗そのもの（外観）や看板・のぼりが認知の媒体としては強力な場合が多いですね。住所を公開できる場合には、グーグルビジネスプロフィールなどによるMEO（グーグルマップ対策など）も有効です。

図6−9　王道的なリアル（オフライン）集客の流れ

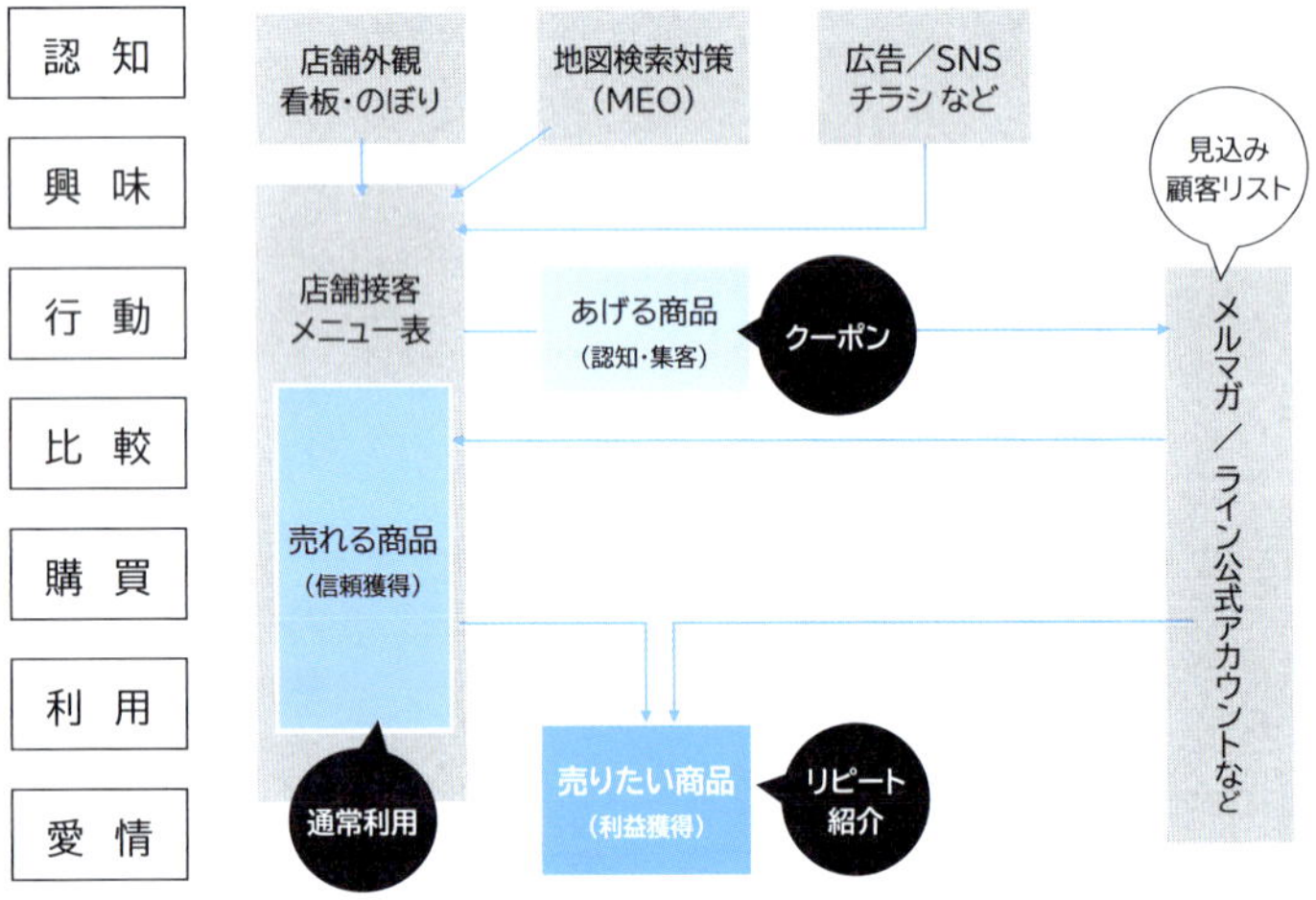

参考／佐藤義典『プロダクトフローとマインドフロー』

そこから来店、通常利用、ライン公式アカウントなどに登録、リピート利用に繋げる、というイメージです。

ラーメン屋・本屋・スーパーなどのように、お客様が利用し慣れていて、利用のハードルが高くない業種の場合。「認知・集客」のためのあげる商品は、最初の来店を促すためにではなくメルマガやライン公式アカウントの登録を促すために用いる場合もあります。「ライン公式アカウントで友達登録してくれたら、ケーキセット半額！」のような使い方です。

逆に、漢方薬局やヨガ教室、学習塾などのように、お客様が利用し慣れていないサービスや、利用のハードルが高い業種の場合。「無料診断」「無料体験」などのあげる商品を、最初の来店を促す目的で利用する使い方も多くも見られます。

どのような施策を行っても「認知」→「興味」→「行動」→「比較」→「購買」→「利用」→「愛情」の流れに着目して、穴が空いている場所を見つけて、穴を塞ぐ対策を行っていけば、お客様は増えていきます。

ここからは、ワークシートを使って「集客課題を見つける方法」をご紹介していきます。

集客設計のワーク解説と集客課題を見つける方法

集客が上手くいかないときは、「勘」と「経験」に頼りきって対策を考えるのではなく、7つの集客課題のどこに穴が空いているのか、分けて考えて洗い出しましょう。

本書でおすすめする方法は、マインドフローの生みの親である佐藤義典氏が考案した分割方法です。お客様の「認知」↓「興味」↓「行動」↓「比較」↓「購買」↓「利用」↓「愛情」という流れを「お客様の物語」「ココロの動き」「カラダの動き」の3つに分けて考えることで課題を見つけることができます。

『マインドフローは、自社商品・サービスを「認知」していない潜在顧客が、「愛情」

図6−10　佐藤義典氏によるマインドフローを3回縦に分解する方法

	顧客の物語	ココロの動き	カラダの動き
認知	店頭の棚の前でパッケージを見て商品の存在を認知する	「何を飲もうかな。あれ、こんなの出たんだ」	視線が商品パッケージに向き、そして止まる
興味	パッケージのデザインなどから興味を持つ	「○○味？　おいしそうだな」	
行動	棚から飲料を取り出し詳細を確認する	「どんな味だろう…　カロリーはどれくらい?」	商品を手に取り、目線をラベルなどに向ける
比較	棚に並ぶ他の商品と比較する	「他にはどんなのがあるんだろう?」	他の商品にも顔を向け、手に取って比べる
購買	レジでお金を払う	「うん、今日はこれにしよう!」	商品を手に持ってレジに行き、お金を払い商品を受け取る
利用	店を出て飲む	「どんな味なのかな?　楽しみ」	キャップを開け、ボトルを口に持っていく。口をつけて中身を飲みこむ
愛情	味に満足してその飲料に愛情を持つ	「おいしいじゃん!また買おう!　何ていう名前かな?」	パッケージのデザインや名前をじっと見る
	ゴール：ファンとなりリピート・口コミをしてくれる!		

佐藤義典著、『事例でわかる 実戦顧客倍増マーケティング戦略』、
日本能率協会マネジメントセンター、P.48より転載

関門を越えて「ファン」へと育っていくプロセスを描写するものです。

関門としては7つありますが、それはあくまでも自社の打ち手を考えやすくするためであって、お客様がファンへと育つ過程は本当は切れ目のない「物語」であり、映画のストーリーのようなものです。

お客様がファンへと育つ切れ目のない物語、すなわち**「顧客の物語」を描き、その物語が起きやすくなるような打ち手を計算して打っていく**ことでお客様の「ファン化」を促進する、というのがマインドフローの中核的な考え方です。』（佐藤義典著、『実戦　顧客倍増マーケティング戦略』、日本能率協会マネジメントセンター、P.43）

『「顧客の物語」をより詳細に描写するために、お客様の「ココロの動き」（アタマの中で考えること）と「カラダの動き」（実際の行動）を分けて考えていくことにしましょう。』（佐藤義典同著、P.47）

というように、「売り手側の目線」ではなく、「お客様の目線」にフォーカスして、集客の課題を見つけ出す特徴があります。それによって、どこで集客の穴が空くのか？

なぜ空いたのか？　どうすれば穴を塞げるか？　ということが、割と簡単に見つけることができるようになります。

余談ですが、ウェブマーケティングで利用される「カスタマージャーニーマップ」という手法があります。「お客様の旅」という意味ですね。「物語」と表現が違うだけで、根本的な考え方は同じです（本書では詳しく触れないので知らない方はスルーしてくださいね）。

大きな違いとしては、マインドフローを縦に3回分解する手法では、物語（旅）を「ココロの動き」と「カラダの動き」とシンプルなアプローチで分けるので、カスタマー・ジャーニーマップよりも体感的にわかりやすく、誰にでも使いやすい点です。

集客の流れは1本ではなく複数本ある

具体的な方法をお伝えする前に、重要なおさえておくべき前提をご紹介します。どんな商品・サービスを売っても基本的にはお客様は「認知」→「興味」→「行動」→「比較」→「購買」→「利用」→「愛情」を通ります。

試しに、本書のような「ビジネス書」を購入する流れを思い浮かべてみてください。

- 誰かのSNSの投稿で知って興味を持った
- 本屋の棚で見つけて興味を持った
- 友人から紹介されて興味を持った
- アマゾンで見つけて興味を持った

図6−11　流れは複数本あり対策法が変わる

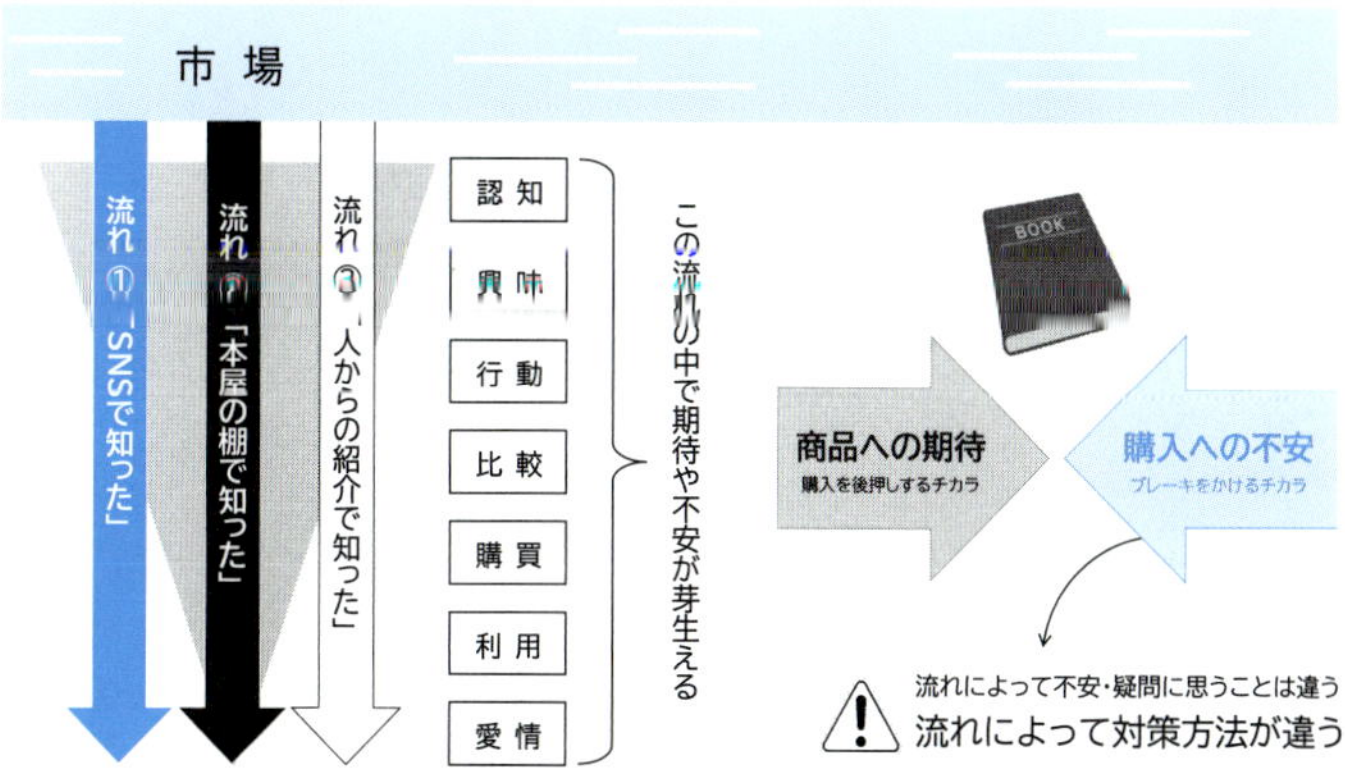

『事例でわかる　実戦顧客倍増マーケティング戦略』（佐藤義典著）P.48の図より、筆者が引用・改変、以下略

- YouTubeの解説動画を見て興味を持った
- 筆者のメルマガで知って興味を持った

などなど、無数に流れは存在します。

そして重要なのは、第5章でご紹介した「購入を後押しするチカラ」と不安や疑問などの「購入にブレーキをかけて妨《さまた》げるチカラ」は、この「認知」→「興味」→「行動」→「比較」→「購買」→「利用」→「愛情」の流れの中で必ず発生するということです。

例えば、自分で知って興味を持った場合と、信頼している友人に紹介された場合とでは、購入を妨げる不安や疑問の持ち方は違いますよね。

それはつまり、それぞれの流れによって、お客様が不安や疑問に思うことが変わるので、それぞれの流れによって「対策方法」が変わるということです。これが集客設計を行う際におさえておくべき前提です。

3回縦に分解すると課題が浮き彫りになる

ここからは、「顧客の物語」を「ココロの動き」「カラダの動き」と分解する佐藤義典氏の手法に、僕の独自の解釈を交えて解説を続けます。

1回目：お客様の物語を分解

1回目の縦の分解は、お客様がどの流れを通ってきたか「物語」として定義するために行います。

前述のとおり、どんな状況で、何を見て興味を持って、どのように調べて、購入・利用に進んだのかというプロセスは複数あります。複数の流れを一緒に考えることはできないので、どのプロセスで考えるか決めてしまうという意図です。

まずは一番太いラインを1本考えてみることをおすすめします。理由は単純に大変だからです。慣れてくると2本目、3本目と増やしていくと良いでしょう。

具体的な分け方については、デモンストレーションを行いながら後述します。

2回目：お客様のカラダの動きを分解

続いて2回目の分解です。

1回目の分解で「お客様の物語」を定義しましたが、今度はその物語を「お客様のカラダの動き」の面から分解していきます。どんなツールを、どんな手順で、どのような目線で、どのようにカラダを動かしたのかということです。

例えば、リアルの店舗では、「店の近くの道のどの辺りを歩いていて看板を見つけたのか？」と、実際に疑似体験するように歩いてみたりします。

文字どおりお客様の立ち位置に立ってみることで、「この辺から看板を見るとすれば、文字のサイズが小さいな」「向きを変えたほうがいいかも」「背景と同化しているから色を変えてみようか」などいろいろとわかります。

ウェブ上でも「どんな端末を使い、どんなサイトから誘導しているか？」など、お客様の立場になって見えてくることがたくさんあります。

3回目：お客様のココロの動きを分解

最後に3回目の分解は、「カラダの動き」の面から分解したときに、お客様はどのようなことを考えているのか？　どんな期待をして、どんな不安や疑問を持つのか？ということを、「ココロの動き」の面から洗い出していきます。

こうした3回の分解で、「集客の課題」とその「対策方法」が面白いほど見つかります。「集客の課題は7つしか存在しない」とお伝えしましたが、それは別の言い方をすれば、どこかで「お客様の物語」が止まってしまうということです。

図6−12　3回分解すると集客課題が見える

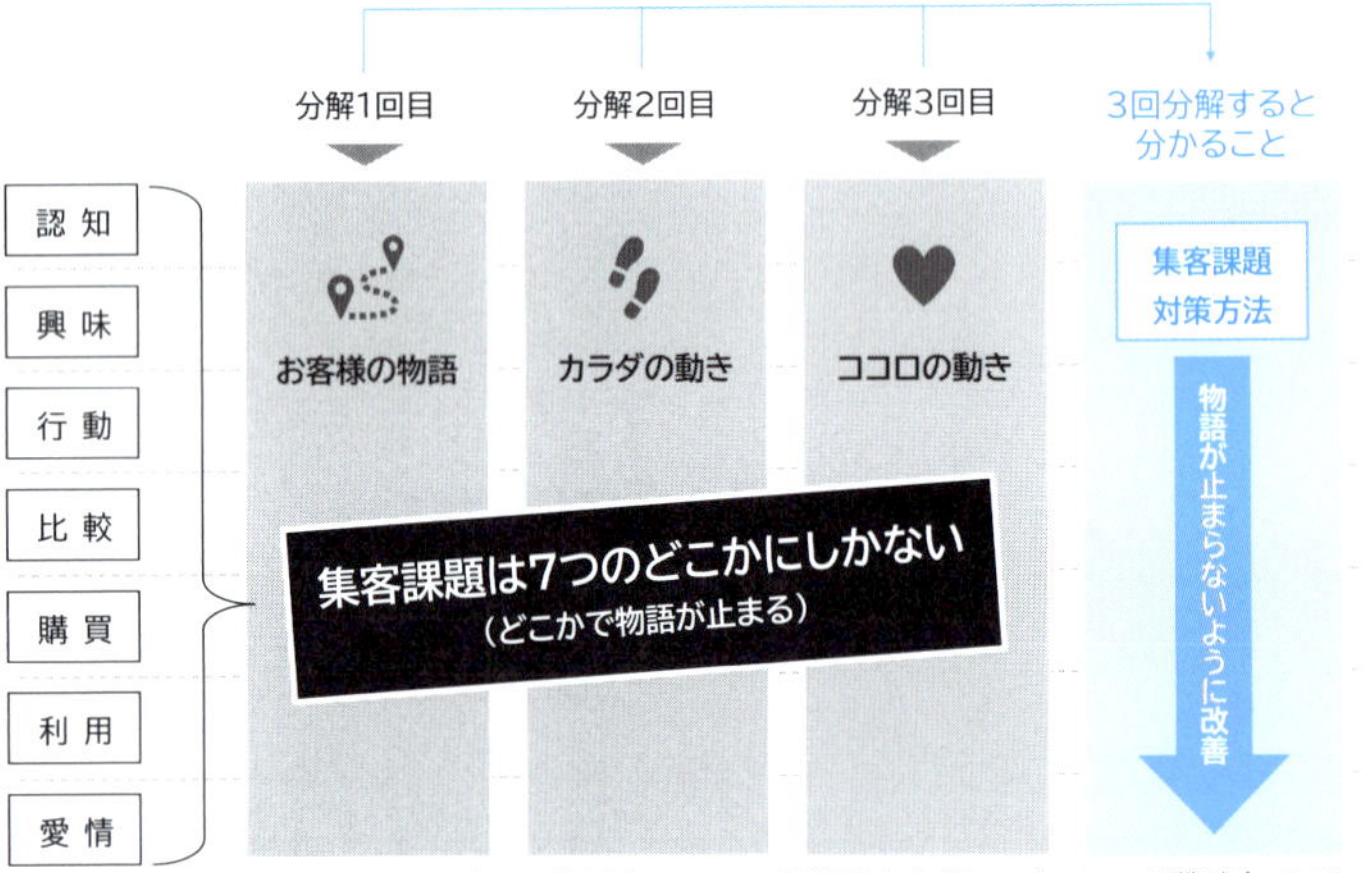

参考／佐藤義典著、『事例でわかる　実戦顧客倍増マーケティング戦略』、P.48

僕たち売り手は基本的に、お客様の物語が止まらないように、スムーズに流れてくるように整えるということしかできないので、どこで止まるかを見つけることが近道なのです。

集客課題を見つけるデモンストレーション

ここまで3回分解して「集客課題を見つける方法」の考え方をご説明しましたが、この段階では完璧に理解できていなくても問題ありません。

ここからは実際にどのように分解していくのかを巻末のダウンロードできるワークシートを使ってデモンストレーションしながらご紹介していきます。例によって書き方見本もつけてあります。

細かく分解していくので、慣れないうちは多少面倒に感じるかもしれませんが、手順がわかれば難しくありませんので、どうか安心して読み進めていただければと思います。

実際にやってみるとお客様の立場で集客課題を見つけやすく、ザクザクと課題と対策が見つかります。ある程度、集客活動を行っている状態で実践すると、本当にお客様が増えていくので是非チャレンジしてみてください。

今回は、インスタグラムから新規のお客様を「オンライン・ヨガレッスンの初回無料体験」へ集客し、最終的に「月額プラン」へ誘導する流れを例に作ってみました。どのように考えて分解していけばよいか、解説しながらデモンストレーションを行っていきます。

注意点として、「インスタグラムだけじゃなくて、YouTubeやチラシや人からの紹介も一緒にしちゃえ！」と、一緒くたにして考えてしまうと、具体的な課題が見えなくなるので、必ず一人のお客様の、一つの物語で考えるようにしてください。

すべての流れを作るのは大変なので、一番太い集客の流れで考えていくことをおす

図6−13 お客様の物語を定義

	お客様の物語	カラダの動き	ココロの動き	止まる理由 ／ 対策方法
認知	ストーリー1 インスタグラムの投稿でオンラインレッスンを知る ↓	手順① ↓お客様の物語として流れを定義していく		
興味	投稿を読んで興味を持つ			
行動	ストーリー2 レッスンの詳細ページにアクセス ↓			
比較	中身を読んで受講するかどうか検討する			
購買	ストーリー3 体験レッスンに申し込む			
利用	ストーリー4 当日、アクセスして体験レッスンを受講する			
愛情	ストーリー5 3,980円の月額プランに申し込む			

参考／佐藤義典著、『事例でわかる 実戦顧客倍増マーケティング戦略』、P.48

すめします。

手順1：お客様の物語を分解して定義

まずは、インスタグラムで「オンライン・ヨガレッスンの初回無料体験」を見つけて、調べて、比べて、体験して、「月額プラン」へ申し込みを行うかという流れを「お客様の物語」として定義していきます。

実際に、その流れを通ってきたお客様がいれば具体的に聞いてみても良いですし、未だいない場合には「仮説」で構いませんので定義してみましょう。

例では、5つの物語に分解しましたが、もっと細かく分解しても問題ありません。実際の事業の流れに合わせて変更していただいてOKです。

手順2：物語ごとにカラダとココロの動きを分解

次に、5つの物語の一つひとつをカラダとココロの動きの面から分解していきます。

例えば、「インスタグラム投稿でオンライン・レッスンを知る」→「投稿を読んで興味を持つ」というストーリー1を分解してみましょう。

お客様がどんなツールを、どんな手順で、どのような目線で使っているのかという「カラダの動き」の面から分解してみると、「インスタグラムはスマホで開いていて、ヨガの投稿を眺めていて、興味を持った」というような仮説が考えられます。

図6−14 物語ごとにカラダとココロの動きも分解

	お客様の物語	カラダの動き	ココロの動き	止まる理由 ／ 対策方法
認知	ストーリー1 インスタグラムの投稿で オンラインレッスンを知る ↓	スマホのアプリで インスタを流し見ていたら ヨガの投稿が目に入る ↓	あ、無料体験とか オンラインでやってるんだ	目に留まらない・表示されない ↓ 画像の改良・アルゴリズム対策
興味	投稿を読んで興味を持つ	体験レッスンの存在を知り	興味あるな	興味が湧かなかった
行動				
比較				
購買				
利用				
愛情				

手順② 物語ごとにカラダとココロの動きの面から分解する

参考／佐藤義典著、『事例でわかる 実戦顧客倍増マーケティング戦略』、P.48

さらに、「ココロの流れ」を分解してみましょう。例えば、「あ、こんな無料体験レッスンがオンラインでやってるんだ」→「ちょっと興味あるな！ 詳しく見てみようかな……」と思っていただけたら、次の物語へ進めそうですね。

もし、ここで止まるとすれば、「投稿が目に留まっていない」「興味が湧かない」など、止まる原因と、対策に必要なことが同時にわかります。これが「集客でお客様が流出してしまう穴」ですね。

実際に、分解したカラダの動きを追体験して、スマホでヨガの投稿を眺めてみると、投稿の画像（サムネイル）が他の人の投稿に埋もれていたり、文字が小さくて読めなかったり、などがわかります。

また、インスタグラムなどのウェブツールでは大抵どのくらいリーチ（表示）したのか？　どのくらいクリックされたのか？　などのデータ（インサイト）を見ることができるので、そのような使えるデータも活用すると良いでしょう。

基本的には、このように順番に物語を分解していけばＯＫです。

ここでは、重要なポイントがあるのでもう少しこのデモンストレーションを続けていきましょう。

期待を大きくするより不安を取り除く

ストーリー1（認知・興味）を通過したお客様は、行動・比較に入ります。理由は、「オンライン・ヨガレッスンの初回無料体験」に興味があり、期待感を持ちつつも、不安や疑問もまだまだ大きいからです。

ですので、講師のプロフィールを読んだり、何時から始まって何時に終わるのかという日程を調べたり、準備するものは何かあるのか？　など、いろいろと情報を調べます。このときに、お客様が知りたいことが書いていなければ、止まってしまうのは想像しやすいですよね。

図6－15　行動比較時に新たな不安や疑問が湧く

	お客様の物語	カラダの動き	ココロの動き	止まる理由 ／ 対策方法
認知				
興味				
行動 比較	ストーリー2 レッスンの 詳細ページにアクセス ↓ 中身を読んで受講するか どうか検討する	リンクからページにアクセス 気になる情報を確認 ↓ ・日時 ／ 所要時間 ／ 人数 ・講師のプロフィール ・受講者のレビュー　など	検討し始めると 次々と不安･疑問が湧く ↓ ・講師どんな人？怖くない？ ・体かたいけど大丈夫かな… ・どれくらい広さ必要？　など	知りたい情報の掲載がなかった 選ぶ理由が弱かった ↓ 選ぶ理由とその根拠を明示 回りして対処する
購買				
利用				
愛情				

参考／佐藤義典著、『事例でわかる 実戦顧客倍増マーケティング戦略』、P.48

さらに、この行動・比較段階でも、調べていく過程で新しい不安や疑問が湧いてきたりします。

- 体がかたいけど恥ずかしくないかな？
- グループレッスンで自分だけできなかったら恥ずかしい
- そういえば、ヨガマット持ってないけど、どうしよう……
- どれくらいのスペースが必要なの？

などなど、調べる前には気にもしていなかったことが気になり始めます。

お客様が買わない理由を先回りして対策する

ここで、少し脱線して、視点を切り換えてみましょう。あなたが何かの商品を調べて比べている状況を思い浮かべてみてください。最近、何か買いましたか？　具体的に検討したものをイメージできればそのほうが良いです。

あなたも情報をいろいろと調べていく中で、さまざまな不安や疑問が浮かんだ経験があると思います。その際に、頭に浮かんだ不安や疑問というのは、どのくらいの頻度でお店・販売者など売り手に問い合わせますか？　考えてみてください。

おそらく、よほど強い興味があるか、それしか選択肢がない！　という場合でもない限り、「ほぼ問い合わせることなんてしない」のではないでしょうか？

売り手の立場になったときには「気軽にお問い合わせください」「何でも聞いてください！」とよくいいますが、お客様の立場に立ち戻ってみると、気軽に問い合わせることなんてとんでもないですよね。

- 恥ずかしい
- めんどくさい
- 売り込まれるかもしれない

という感情が先に立つので、基本的に不安や疑問に思ったお客様は、わざわざ問い合わせてくださることなく、知らない間にいなくなります。だからこそ、集客設計では**お客様の不安や疑問を先回りして解決しておく**ことが重要になります。

不安や疑問の対策は簡単にできることが多い

お客様の不安や疑問を先回りして解決するための対策方法は意外なほど簡単にできることが多いです。

例えば、252ページの「オンライン・ヨガレッスンの初回無料体験」で列挙したお客様の不安や疑問の場合、レッスンの詳細ページにこのような「よくある疑問」を入れておくだけでも解決できます。

Q. 体がかたいけど恥ずかしくありませんか?

↓

A. 初心者向けなので、無理なポーズはありません。

また、他の参加者へは映像が映らないので、初めての方でも自分のペースで体験可能ですのでご安心ください。

このような短い一文でも、調べている中で目に入れば、お客様の不安が消え去って期待感が大きくなりますよね。

キャッチコピーを考えたり、サムネイルの画像を目立つようにしたり、「期待」を大きくする取り組みについては皆さん頑張ります。しかし、不安や疑問を取り除くということをほとんどやっていない場合が多いので、同じくらい重要ということも気に留めておいてください。

お客様の物語の中で改善しなければ意味がない

関連してもう一つ重要な注意点もあります。仮に体験レッスンの詳細ページではなくて、別の公式ホームページなどで「よくある質問」を作ったとします。それはそれで良いのですが、今回のデモンストレーションの例では、「インスタグラム」→「体験レッスンの詳細ページ」という流れで分解をしました。

つまり、公式ホームページを通らない今回のお客様からすればそれは「物語の外」であり、何も対策されていない状態と同じということです。

必ず手順1で定義したお客様の物語を追体験しながら、その物語の中で対策を考えることを忘れないでください。

最後にデモンストレーションの完成版（図6－16）もご参照ください。

図6−16　デモンストレーションの完成版

	お客様の物語	カラダの動き	ココロの動き	止まる理由／対策方法
認知	ストーリー1 インスタグラムの投稿でオンラインレッスンを知る ↓ 投稿を読んで興味を持つ	スマホのアプリでインスタを流し見ていたらヨガの投稿が目に入る ↓ 体験レッスンの存在を知り投稿を詳しく読む	あ、無料体験とかオンラインでやってるんだ	目に留まらない・表示されない ↓ 画像の改良・アルゴリズム対策
興味			興味あるな 詳しく見てみたいな…	興味が湧かなかった ↓ キャッチコピー改良
行動	ストーリー2 レッスンの詳細ページにアクセス ↓ 中身を読んで受講するかどうか検討する	リンクからページにアクセス 気になる情報を確認 ↓ ・日時／所要時間／人数 ・講師のプロフィール ・受講者のレビュー　など	検討し始めると次々と不安･疑問が湧く ↓ ・講師どんな人？怖くない？ ・体かたいけど大丈夫かな… ・どれくらい広さ必要？　など	知りたい情報の掲載がなかった 選ぶ理由が弱かった ↓ 選ぶ理由とその根拠を明示 回りして対処する
比較				
購買	ストーリー3 体験レッスンに申し込む	申し込みフォームに入力し体験レッスンに申し込む	よし、勇気だして体験に申し込んでみよう	フォーム入力が面倒くさい ↓ 入力項目を最低限にする
利用	ストーリー4 当日、アクセスして体験レッスンを受講する	寝室でタブレットを起動しヨガを体験する	先生もやさしいし期待以上に楽しかった！	難易度が高すぎた ↓ 初心者でも楽しめる内容に変更
愛情	ストーリー5 3,980円の月額プランに申し込む	レッスン後の案内を聞いて月額プランに申し込む	定期的に受けたい！ 申し込みしてみよう！	月額プランの案内が分かりにくい ↓ 分かりやすく案内を作り直す

参考／佐藤義典著、『事例でわかる 実戦顧客倍増マーケティング戦略』、P.48

参考情報

本書では、佐藤義典氏が考案したマインドフロー理論をお借りして解説を行いましたが、初歩の初歩に過ぎません。

さらにそれぞれの関門を「数値化」して仮説検証していく具体的な内容にご興味がある方は、佐藤義典氏の著書『実戦 顧客倍増マーケティング戦略』（日本能率協会マネジメントセンター）をご一読ください。

まとめ　第6章　コレだけはおさえておこう！

○どんな事業でもお客様は、「認知」→「興味」→「行動」→「比較」→「購買」→「利用」→「愛情」の7つの関門を通過する（※1）

○「お客様の物語」「カラダの動き」「ココロの動き」と3回分解することで、集客課題とその対策法が見つかる（※2）

○お客様は不安や疑問に思ってもわざわざ問い合わせてくれない。先回りして解決しなければ、お客様の物語が止まる

（※1）参考／佐藤義典「マインドフロー」

（※2）参考／佐藤義典著『事例でわかる　実戦顧客倍増マーケティング戦略』P.48

第7章

マーケティングとブランディングの関係性

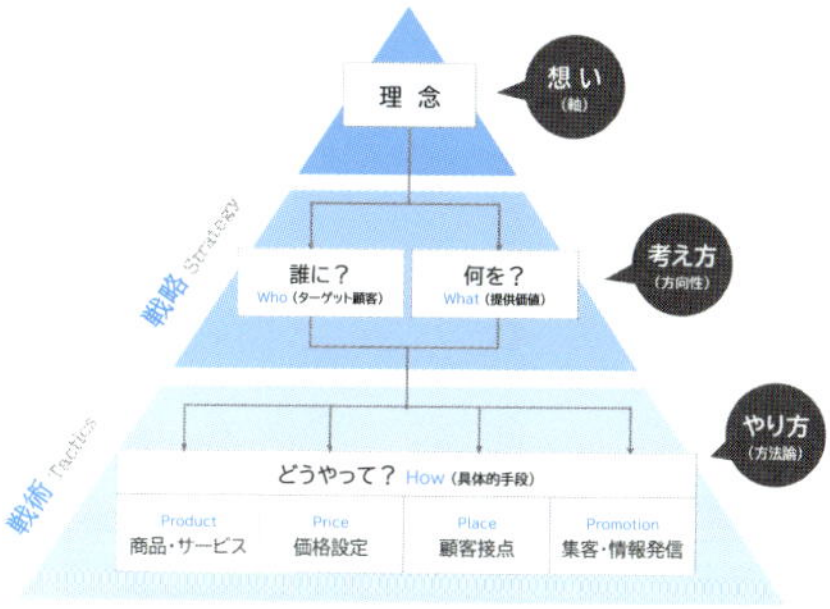

3つのルールを振り返りながら「戦略設計」「商品設計」「集客設計」がどのように連動し、売れる仕組みとして回るのか解説します。また、マーケティング活動の全体像と照らし合わせて、ブランディングとの関係性や、コトラー教授のマーケティングプロセスとの関係性をご紹介します。

3つのルールと売れる仕組みの組み立て方

ここまで、「戦略設計」→「商品設計」→「集客設計」の3つのルールを、順番にご説明してきました。

ルールというのは、時代・業種・地域を問わず共通する普遍的な法則性や原理原則という意味で使ってきました。

知らないとなかなか意識するのは難しいですが、僕たちは売り手（事業者）であると同時に買い手（お客様）でもあるので、お客様の立場に立ち返って知ることさえできれば、当たり前に感じる内容も多かったのではないでしょうか？

冒頭でお伝えしたとおり、本書では資本力、ブランド力、知名度、実績などを持たない「市場の弱者」である僕たち個人事業主や中小企業を対象に解説をしてきました

図7−1 3つのルールとマーケティングの全体設計

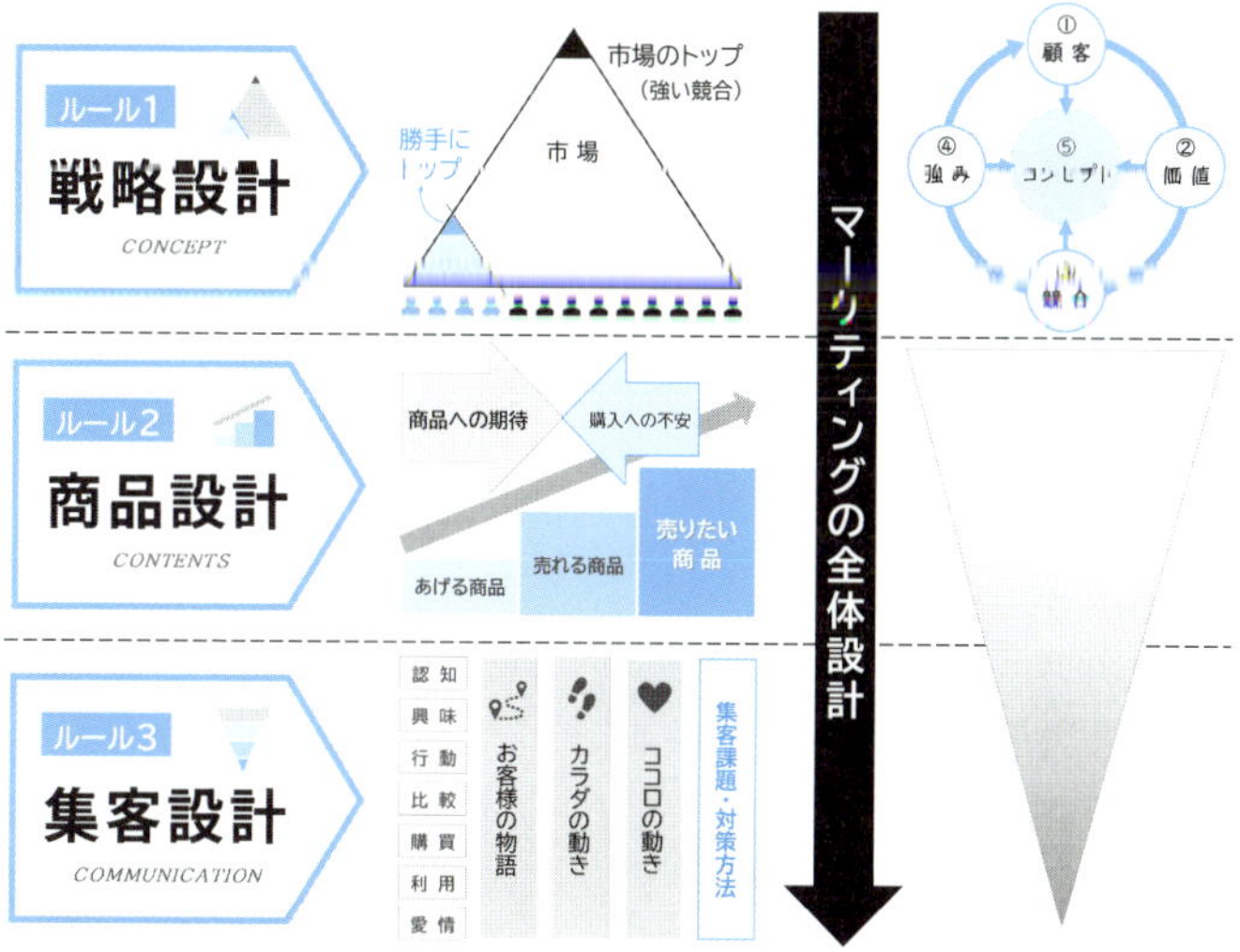

※商品設計・集客設計の概念図については、『図解 実戦マーケティング戦略』P.229、『事例でわかる 実戦顧客倍増マーケティング戦略』P.48（ともに佐藤義典著）の図を、筆者が簡略化

が、3つのルールの考え方自体は大手企業であっても同じです。

本章では、改めて3つのルールの全体像を立体的に見ながら、それぞれがどう繋がり、仕組みとして噛み合っていくのかを総括しながらまとめてみましょう。

ルール1総括
戦略設計

まず、ルール1の戦略設計が必要な理由としては、端的にいって「競合」がいるからです。

ニーズが明確にある市場で、

競合がゼロの独占状態であれば戦略なんて必要ありません。ですが、現実的にはどんな業界でも参入の壁は低くなり「お客様の選択肢」は増え続けています。さらには「買わないで自分で何とかする」ということすらも競合になるので、選ばれる明確な理由が必要になります。

その際に、資本力やブランド力を持った強い競合と同じような商品設計・同じような集客設計をして真っ向勝負しても勝てません。だからこそ「特定のお客様」の「特定の目的（ニーズ）」を「特定の強み」を活かして提供でき、強い競合と比べられず選ばれるような小さな市場の中の一番をとることが大切になります。

ルール2総括　商品設計

次に、小さな市場の「特定のお客様」に対して商品設計を行います。

どれだけ素晴らしいコンセプトがあっても、お客様はそれを知らない状態からスタートします。期待だけではなく不安や疑問もあるので、いきなり高い商品を買っていただけません。

だからこそ、段階的に「知って」いただいて、「信頼」していただいて、最終的に「利益」をいただくようなお客様のココロの流れに沿った商品体験の流れを整えることが必要になります。

ルール3総括　集客設計

最後に、どれだけ素晴らしいコンセプトの透逸な商品があっても、お客様が知らなければ買っていただけません。とはいえ売り手目線で一方的に情報を発信しても、お客様のココロの流れに沿っていなければ、途中で離脱されてしまいます。

ルール2で設計した商品体験も組み込みながら、情報を伝え、コミュニケーションを取りながら、お客様が商品を知ってから、検討し、購入、利用するまでの流れを組み立てます。そして、その流れの中で、必ず穴が空く場所があるので、それを3回、縦に分解することで、集客の課題とその対策方法を洗い出します。

そうして見えてきた課題を修正しながら、スムーズに商品を体験していただける全体の流れを設計すること。それが、本書が一番お伝えしたかったマーケティングの全体設計であり、それぞれが噛み合うことで「売れる仕組み」になります。

図7−1を使って抽象的に捉えるなら、戦略5原則で大きな「的」を作ってお客様の課題・悩みを狙い、「ファネル（漏斗）」に落とし込み、水を溜めていくようなイメージですね。この的がなかったり、的が的外れでも水が溜まっていかず、流出しやすくなります。キレイな的を作るほど、良質な水が溜まりやすくなるという感じです。

大切なお客様に対して「狙う」とか「水」に例えていたり、大変無礼ですが、一般的に使われる表現でかつイメージしやすいわかりやすい例えなので本書ではあえて使わせていただきました。

「車いす専門の美容室」のデモンストレーション

ここでは、第2章でご紹介した「車いす専門の美容室」という架空の例を題材に、3つのルールに沿って、売れる仕組みの全体を組み立てるデモンストレーションをしていきましょう。

細かく描写すると、かなり長くなってしまうので、「全体を組み立てる雰囲気」が伝わる程度のザックリバージョンと捉えていただければ幸いです。

ルール1　戦略設計

前述のとおり、美容室・理容室の市場も資本力・ブランド力のある強い競合がひしめく苛烈な市場です。

そんな市場の中で強い競合と比べられず選ばれるためには、「特定のお客様」「特定の目的（ニーズ）」「特定の強み」の3つの特定を行えば良いことは、第2章でご紹介したとおりですね。

使い慣れたフレームワークがあり、使いこなすことができるなら、STP分析でも3C分析でも何を使っても大丈夫ですが、本書では「戦略5原則」を使って解説を続けます。


ターゲットは車いすの女性。

その方が美容室を利用する目的（ニーズ）は何でしょう？　ここでは「かわいい髪型になって自信を持ちたい」だったとしましょう。

次に、車いすで「かわいくカットしてほしい女性の選択肢」はというと、一般の美容室に頑張って行く！　ということや、場合によっては訪問カットサービスを利用することかもしれません。もしくは、雑誌やYouTubeを見てセルフカットするという選択肢もあるかもしれません。

図7−2　車いす専門の美容室の「戦略5原則」

① 顧客は誰？	車いすの女性（20〜30代）
② 価値は何？	かわいい髪型になりたい 車いすのまま快適・安全に髪を切りたい
[illegible]	[illegible]
③ 競合は誰？	・一般の美容室に頑張って行く！ ・訪問カットサービス ／ セルフカット など
④ 強みは何？	・車いす専門の設備・技術 ・サロンで癒される時間を過ごせる ・プロの技術でかわいくカットしてもらえる
⑤ コンセプト	車いす専門の美容室です！

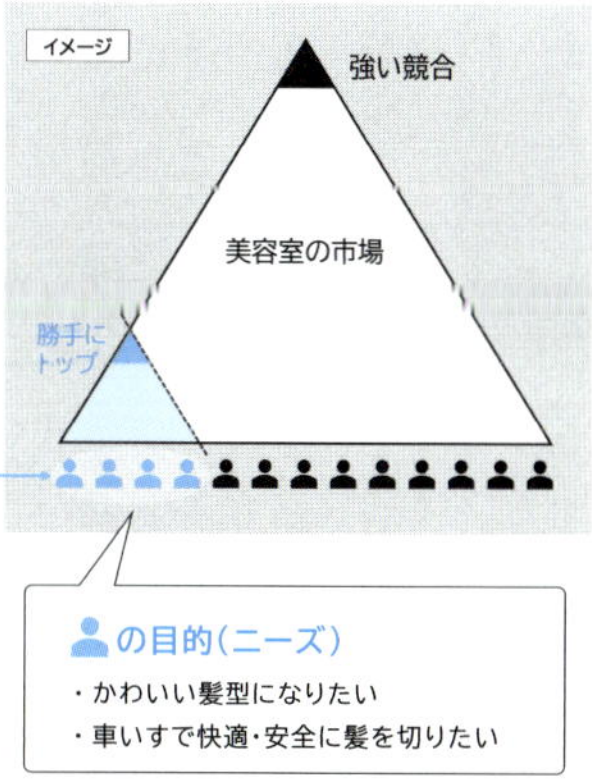

そんな選択肢がある中で、車いす専門の設備・技術があるサロンであることが伝われば、選んでもらえそうですね。

本書では具体的な説明を省きましたが、①のお客様が、②の目的（ニーズ）を満たす際に、③の競合（別の選択肢）と比べて、④どう都合が良いか？　ということを端的に伝える言葉が⑤コンセプトです。

この美容室の場合は、うちは「車いす専門の美容室です！」というだけで十分ですね（戦略5原則を使ってコンセプトをまとめる手順については機会があれば別の本でご紹介します）。

ここから先は、「車いす専門の美容室」というコンセプトに沿って、商品設計・集客設計など、お客様に向けたすべての事業活動を展開していきます。

ルール2 商品設計・ルール3 集客設計

商品設計では、例えば「初回クーポン」から「初回の来店・利用」と流れをつくり、そこで満足していただいたら「リピート・紹介」や車いすの方向けの「トータルコーディネート」のようなサービスを提供するとしましょう。

集客設計では、戦略5原則で設定したターゲットとどこで出会えるか？　を考えます。

集客の流れの中で、どの「川」を選ぶか？　つまり「認知の媒体」選びが重要になります。どれだけ強いコンセプトや素晴らしい商品設計があっても、そもそも見つけてもらえないと意味がないからです。

まだ知らないお客様は「車いす専門の美容室」という探し方をせずに、もっと広く「近隣の美容室でバリアフリーの設備があるところ」というような探し方をするかもしれません。であれば、ホットペッパービューティーのように条件で絞り込めるポー

図7−3　車いす専門の美容室の商品設計と集客設計

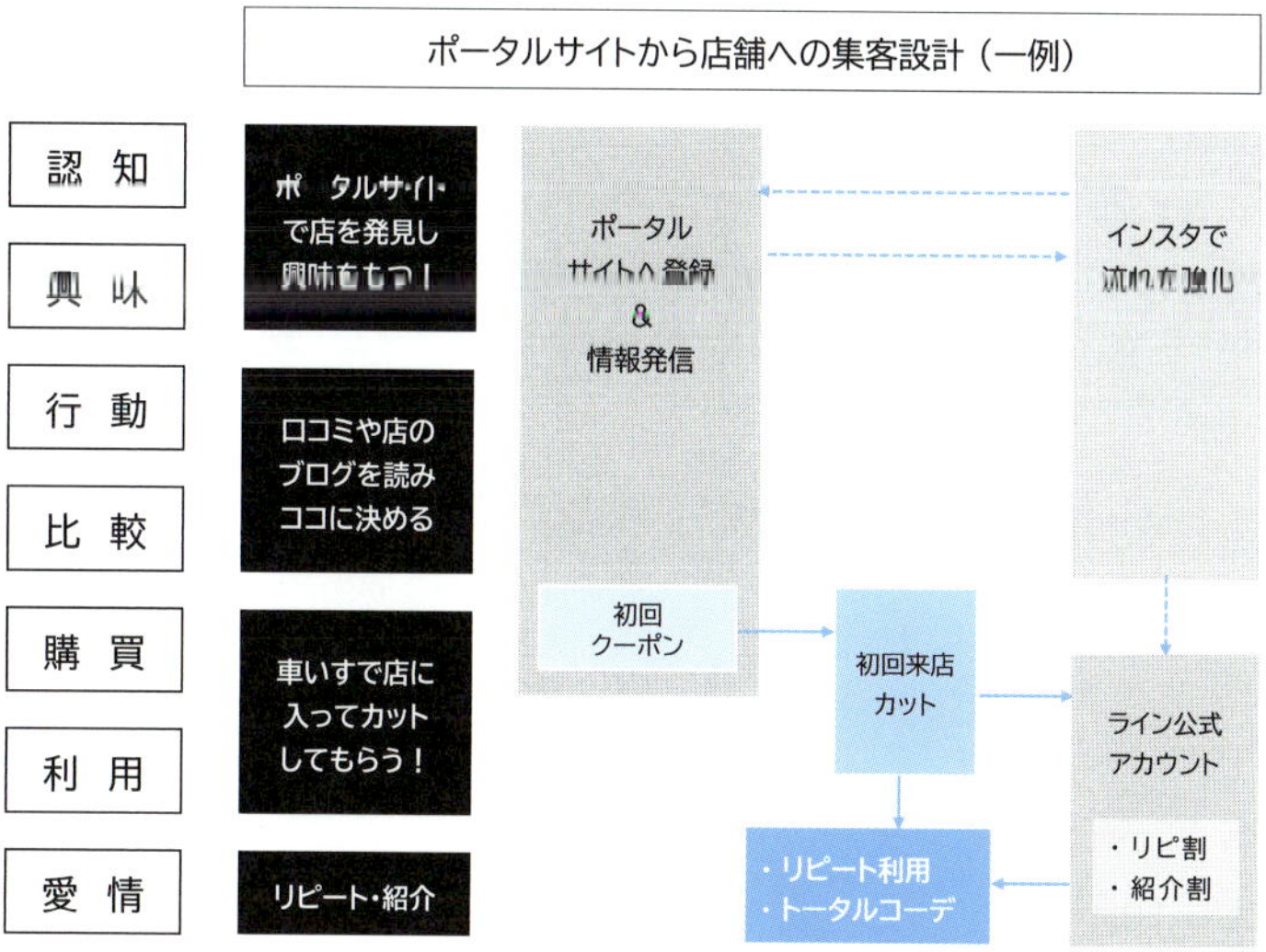

佐藤義典著『事例でわかる　実戦顧客倍増マーケティング戦略』
P.48の図を参考に、筆者が事例をあてはめた

タルサイトは良いかもしれません。

　ポータルサイトを使う場合、そこで見つけていただき、興味を持っていただいたお客様は、どんな不安や疑問を持つのか？を検討してみましょう。

　例えば、

- どんな美容師さん？
- バリアフリー大丈夫？
- 腕は確かかな？
- お店の雰囲気は良いかな？
- クレジットカード使え

るかな

などなど、第6章でお伝えしたとおり、お客様は不安や疑問に思っても「わざわざ問い合わせてくれない」ので、先回りして解決するための情報を、口コミやSNSなど調べてもらえる媒体に組み込んでおくと良いでしょう。

調べて比べていただき、改めてポータルサイトから「初回クーポン」を使って予約していただき、実際に来店して利用をしていただく。そこで、期待値を超える価値を提供し、ライン公式アカウントなどを使って定期的に忘れられない取り組みをしていけば、徐々に「リピートや紹介」「トータルコーディネート」なども購入していただけるようになっていきます。

流れが安定してきたら、さらにインスタグラムなどでも情報発信を始めて、流れを強化したり、新しい集客の流れを開拓していくのも有効ですね。

マーケティングの役割の1つがブランディング

このように、順番に組み立てていく訳ですが、大切なのは「車いす専門の美容室」というコンセプトに沿って、すべての活動を同じ方向に向けて具体化していくことです。一貫した情報・体験をお客様に届けられた結果、お客様の頭の中に一定のポジティブな印象が生まれ、選ばれる確率が大幅に上がります。

この一定のイメージのことを「ブランドイメージ」と呼び、お客様の頭の中にブランドイメージをつくる一連の活動を「ブランディング」と呼びます。

つまり、ブランディングというのは一貫した戦略的なマーケティング活動によって完遂されるという意味です。

ユニバーサルスタジオジャパンを「V字回復」させたことで知られる森岡毅氏は著書の中で、

『マーケティングの最大の仕事は、消費者の頭の中に「選ばれる必然」を作ること、そのための活動を「ブランディング」と呼ぶ。』（森岡毅著、『USJを劇的に変えた、たった1つの考え方　成功を引き寄せるマーケティング入門』KADOKAWA、P.70）

と記しています。

これは、大企業だけに限った話ではなく、僕たちのような個人や中小企業でも同じことがいえます。まずは小さく一番をとって、お客様から選ばれていれば、小さく資金や実績、ブランド資源を作っていけます。そこからスタートしていこうというのが、本書の主張です。

図7−4　マーケティング活動とブランディング

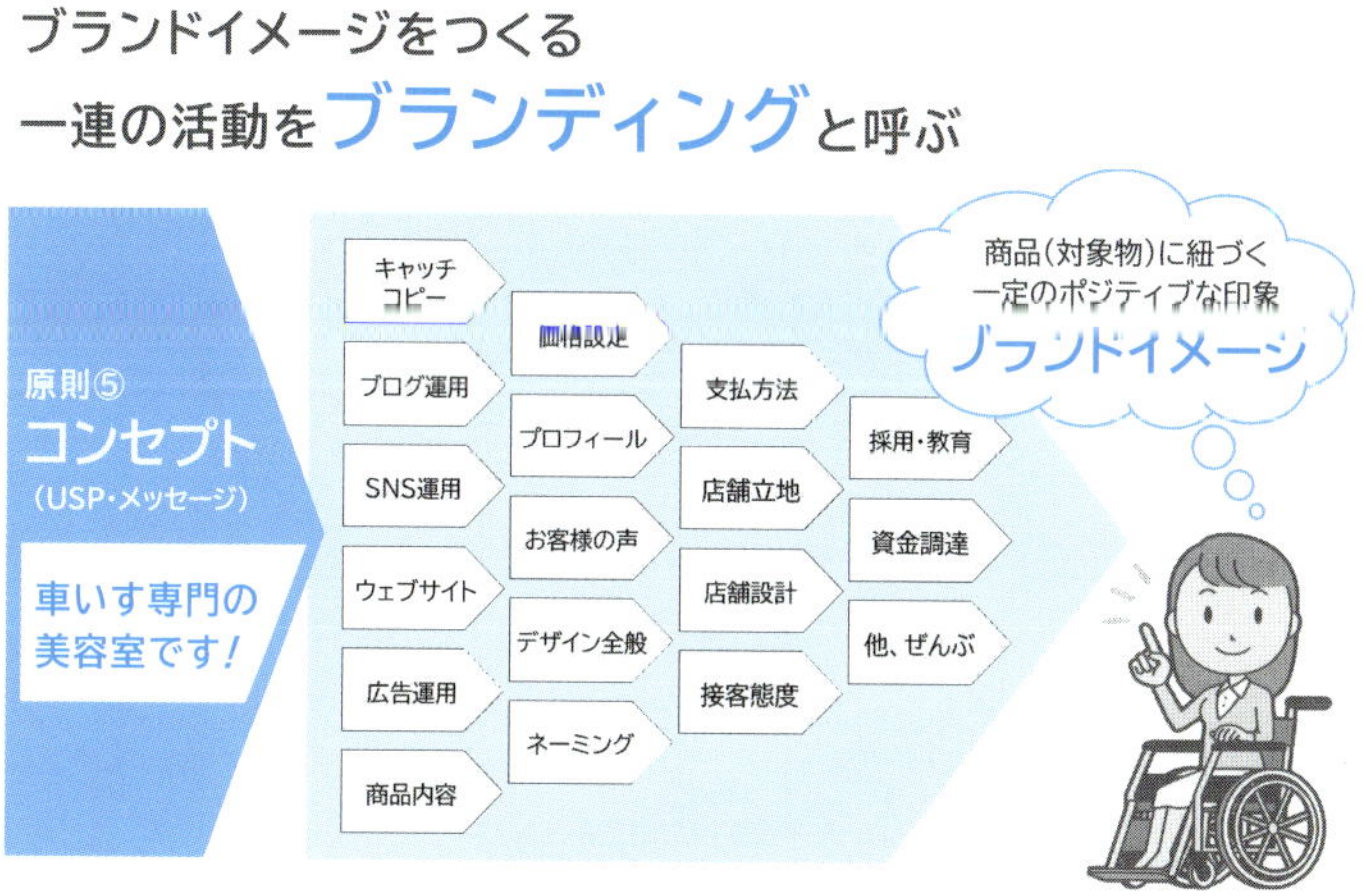

ちなみに、ウェブサイトやSNS、プロフィールなどのサービス名称として「〇〇ブランディング」と謳われることも多いですが、それもブランディングの一端に違いありません。しかし、「見た目／情報発信」だけでは十分とはいえません。

図7−4のとおり、お客様が目で見て、耳で聞いて、肌で感じて、五感で体感できるすべての活動を一貫させることで、お客様の頭の中に自然に醸成されるポジティブなイメージが大切ということも、心の片隅に置いておいてください。

その場その場で言っていることが違ったり、言動が一致せずズレが生じたりすれば、一気にブランド崩壊に繋がる危険性もあるからです。そうならないためにも、戦略5原則でシンプルに「誰に対してどんな価値を提供したいか」を言語化しておくことをおすすめします。

一番広いマーケティングの全体像

さて、先ほどのブランディングのくだりで、「え？ ブランディングとマーケティングって別物って習ったんだけど、どういうこと？」と疑問に思った方もいるかもしれません。

結論をいえばどちらも正解です。

マーケティングという言葉自体が複数の定義・解釈があり曖昧な概念ですが、マーケティングを狭く定義すれば別物ですし、広く定義すれば一部になります。

①集客・プロモーションと捉える

②マーケティングミックス（①も含む4P全部）と捉える
③経営そのもの＝お客様に向けたすべての活動と捉える

というように、マーケティングの概念には3つの広さの解釈があるように思います。

例えば、旅行先で人に道を尋ねたときに、持っている地図の広さが違えば、共通理解はできませんよね。マーケティングも同じで、本やセミナー、ウェブ上のマーケティングの話題に触れるときに、発信者がどの広さの定義で話をしているのか捉えることが大切です。

本書では、③の「マーケティングとは経営そのもの」「マーケティングとはお客様に価値を提供するためのすべての事業活動」というような一番広いマーケティングの考え方に基づいて、解説を行っています。

正直なところ、「ブランディング、営業、デザイン、ライティング、商品開発、価格設定などは、すべてマーケティング活動の一部」……といったら違和感がある人の

図7－5　一番広いマーケティング活動の全体像

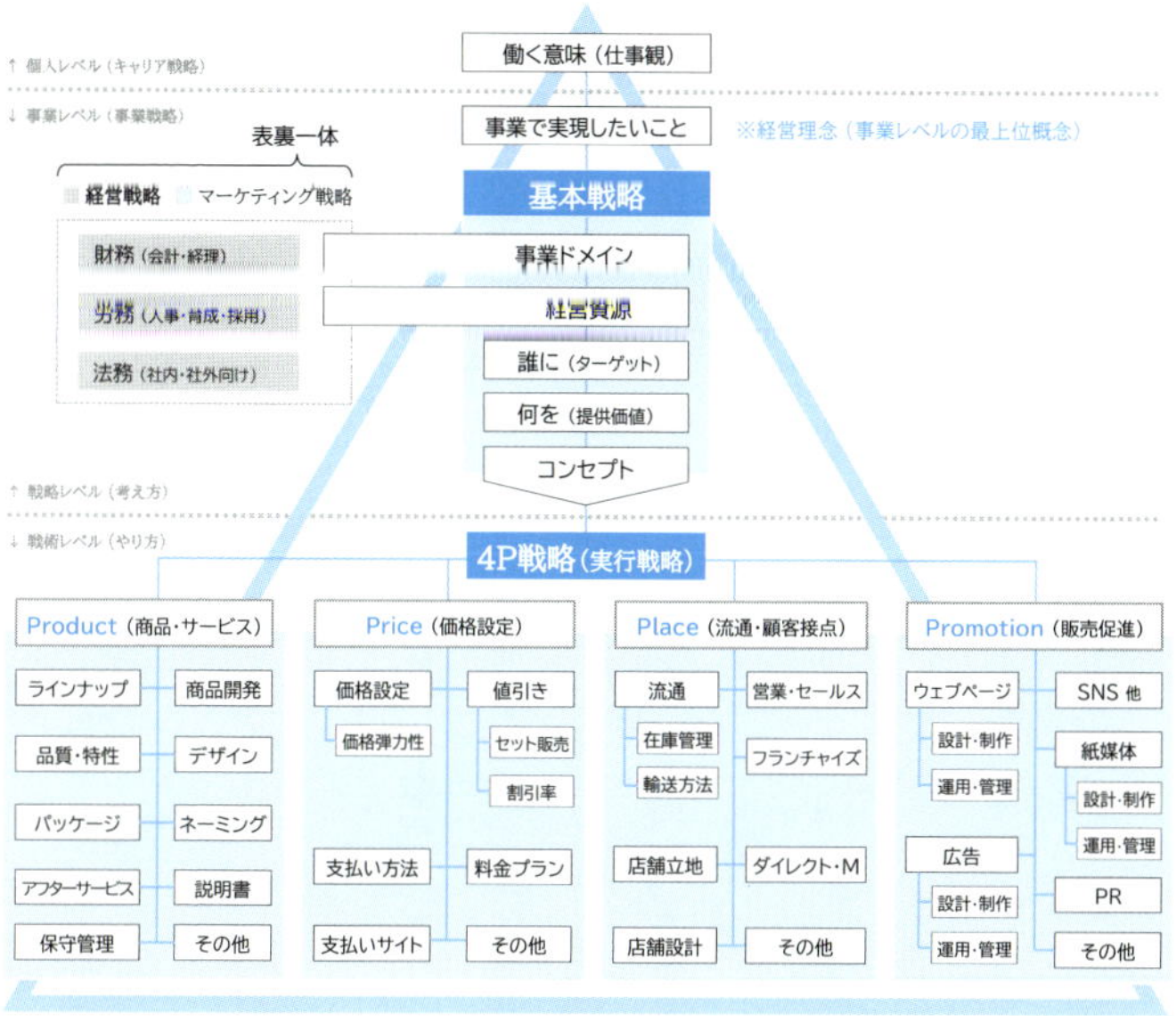

ほうが多いと思います。

しかし冷静に考えてみれば、どれもターゲットとなるお客様や、その方のニーズがわからなければ成果を上げることはできず「マーケティング戦略思考」なしで実行することは有り得ないですよね。

そんな広い広いマーケティングを図解化したのが図7－5です。

大企業でも個人事業でも、一番広くマーケティング活動の構造を俯瞰すると、例外なくこの構造になります（覚えなくても大丈夫です）。

上から順番に見ていくと、どこを見ても、1つ上の概念の達成を「目的」とした「手段」として機能します。

大まかに解説すると……

- より良く働き生きるために、事業理念を決める ⇦
- 事業理念を実現するために、基本戦略を決める ⇦
- 基本戦略を実現するために、実行戦略を決める ⇦
- 実行戦略を実現するために、明日〇〇をする！ ⇦

というように、すべての事業活動は「理念（想い）」から「日々の行動」まで繋がっています。

下に行くほど活動の幅がどんどん広がっていきます。下から積み上げるのではなく上から順番に組み立てていかなければ、どこかで破綻してしまうので注意が必要です。

ウェブマーケティングとデジタルマーケティング

ちなみに、この全体像の活動の中で、インターネット（ウェブ）を介したツールを使う手法のことを「ウェブマーケティング」といい、デジタルツールを介したツールを使う手法のことを「デジタルマーケティング」といいます（インターネットもデジタルツールの一部なので、ウェブマーケティングはデジタルマーケティングの一部です）。

そして、本書で解説してきた内容は、それらのマーケティング理論すべてを包括する一番広いマーケティング概念ということになります。

ですので、ウェブマーケティングでもデジタルマーケティングでも本書の内容は使

図7－6　ウェブマーケティングとデジタルマーケティング

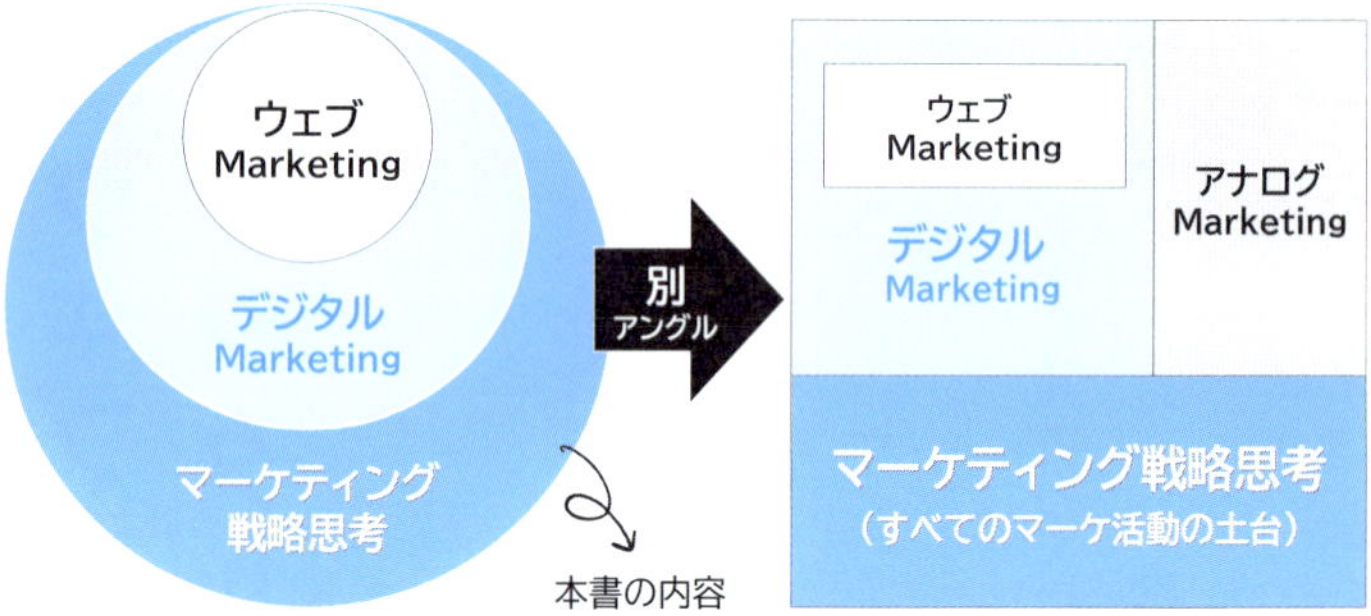

えます。

ただ、それぞれの領域の最新理論やツール、テクニックまでは解説していないので、本書の冒頭でお伝えしたとおり、そういった知識は別の方の本を参考になさってくださいね。

3つのルールとマーケティング全体像

さて、いよいよ大詰めです。

本書でご紹介した「3つのルール」と「一番広いマーケティングの全体像」がどう関係しているのか？　をまとめていきます。

ここから先の内容は、個人・中小企業が「売れる仕組み」を組み立てるために必要かといわれれば必要ありません。興味がなければ読み飛ばしてしまっても良いでしょう。

知らなくてもまったく困らないですが、構造的に理解すると今後、本を読んだりセ

図7−7　マーケティングの全体像（簡略版）

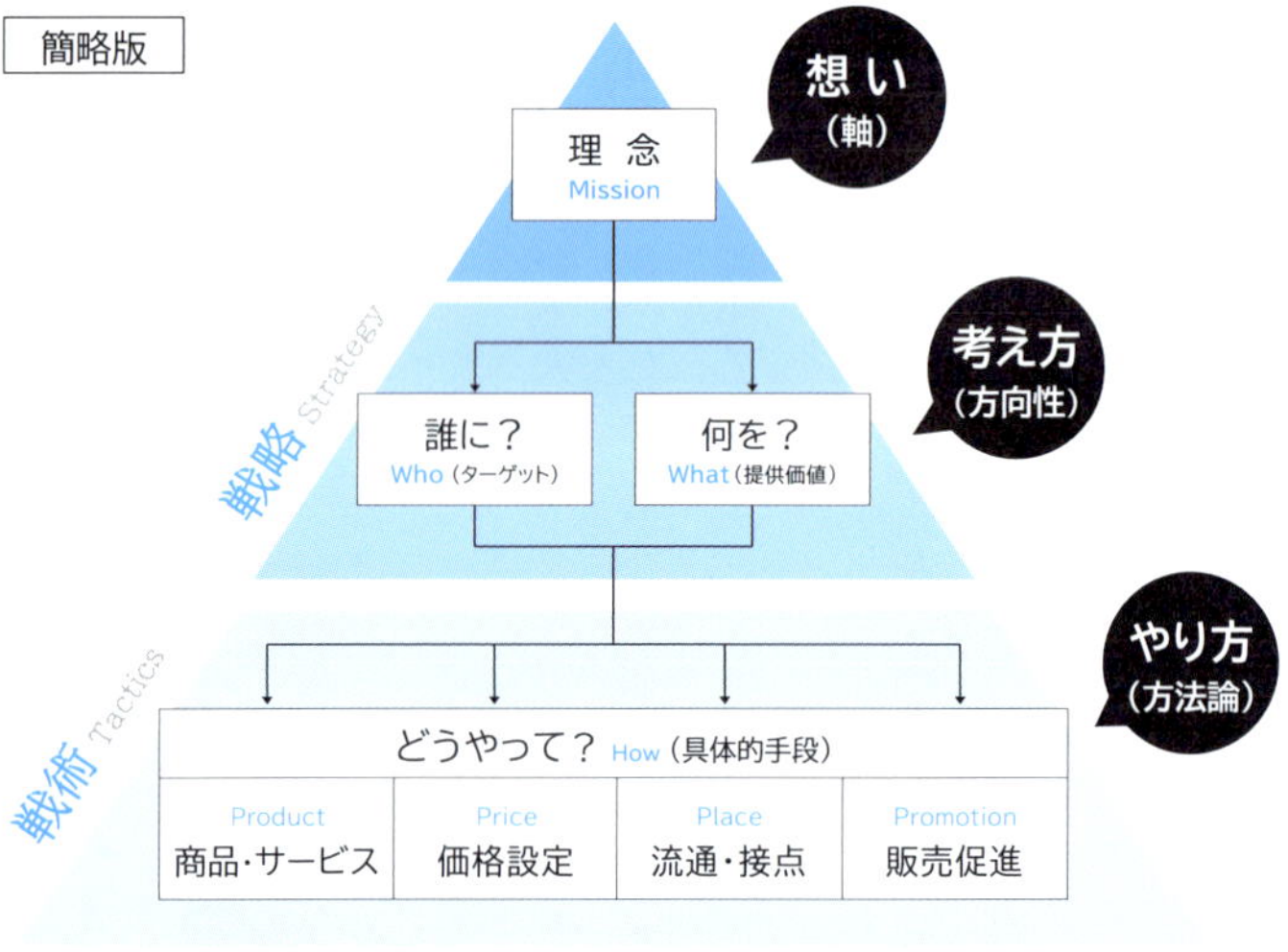

ミナーを受けたり、人と話をしたときに、迷子にならずに済むので、興味のある方は読み進めてください。

先程の細かく分解した全体像はゴチャゴチャしているので、「簡略版」にして解説を続けます。

どんな商売でも、てっぺんには経営の「理念」＝想い（ミッション・ビジョンなどの概念）があります。

その理念を実現するために、誰に対してどんな価値を提供するのか？という事業の方向性になる「戦略」があります。

ただ「こんな思いがあるから、こんな人のこんな悩みを解決してあげたいなぁ」……と頭の中でぼんやり考えていても、意味がありません。理念も戦略も、まだカタチのない概念なので、この価値をお客様が体験できるように具体化する必要があります。

「戦」略をカタチにする「術」と書いて「戦術」と読みます。戦略がなければ、戦術は展開しようがない訳です。

さて、具体化するために、何が必要かといえば、商品を作って、価格を決めて、お客様と出会う接点をつくり、情報を伝えて買っていただくということが必要です。一般的に「4P＝マーケティング・ミックス」と呼ばれる領域はここのお話です。

この一番広いマーケティングの全体像に、本書でご紹介した「3つのルール」を重ね合わせると、図7-8のようになります。

図7−8　マーケティング全体像の中の「3つのルール」

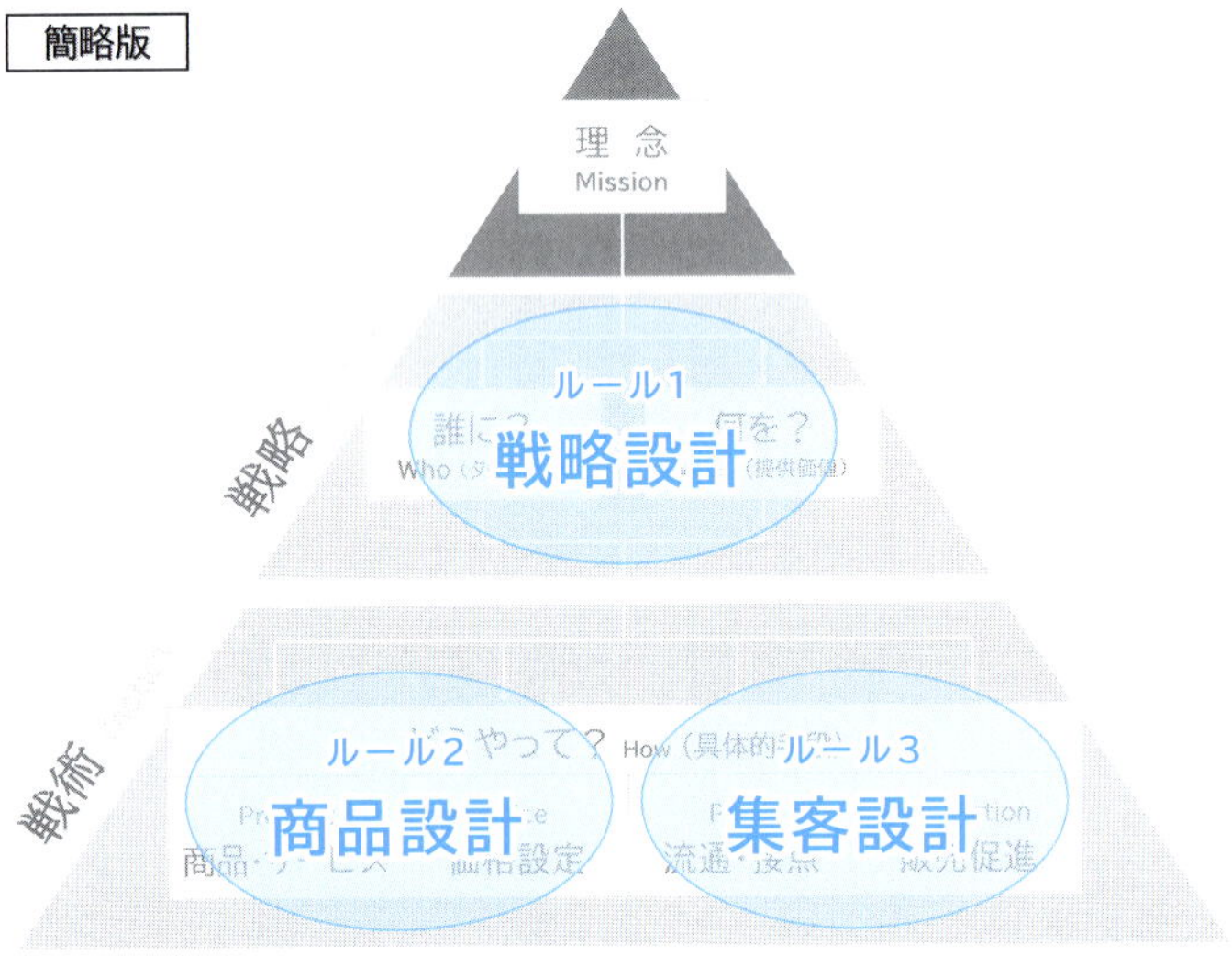

覚える必要はありませんが、本書では一般的にいわれている「4P＝マーケティング・ミックス」の領域を、わかりやすく「商品設計」「集客設計」と2つに分けて考えて解説しています。

それぞれの領域でやるべきことを「お客様の立場に立った役割」で具体的に考えやすいためです。

もちろん、従来どおりの「4P」が使いやすい方はそちらで考えていただいても問題ありませんし、（本書ではご紹介しませんが）4Pを顧客目線で捉えた「4C」という理論もあります。

結局のところ、どんなフレームワークを使っても、お客様の立場になって、お客様のココロの流れに沿って組み立てることができれば、問題ありません。

僕もマーケティングを学び始めた頃は、フレームワークを使うこと自体が「目的化」してしまって、売り手目線に陥っていた苦い経験があるので、あえて書かせていただいた次第です。

コトラーの王道理論と同じプロセス

もう1つ、マーケティングの全体像を語るときに、忘れてはならない王道理論があります。

マーケティングを学んだことがある方ならフィリップ・コトラー教授が提唱した「R→STP→MM→I→C」のマーケティングプロセスが思い浮かんだ方も多いのではないでしょうか？

まず、市場環境をリサーチし、第2章でご紹介したSTP（67ページ参照）で戦略を決め、マーケティングミックスで実行可能な形に整えて、実行・管理していくという

図7−9　コトラーのマーケティングプロセス

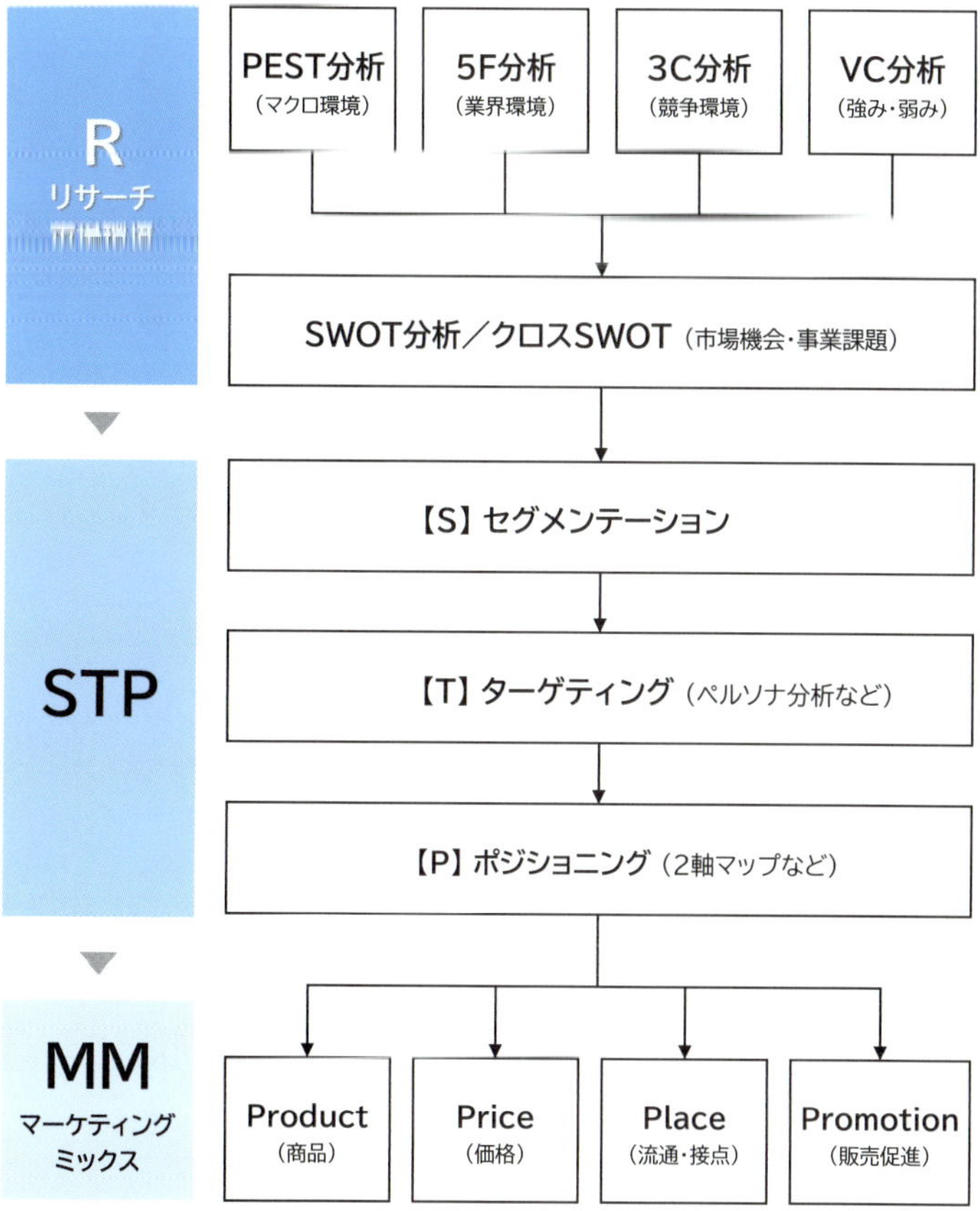

⚠【I】implementation（実行）／【C】control（管理）は略

流れです。

例えば、企業向けのマーケティング研修などでは、このプロセスに従って各種フレームワークを学んでいくことが多いですが、現場の肌感覚とあまりに掛け離れていますし、「どういう意図・役割があって、どんな方向性で考えるのか？」ということが見えにくく、無機質で売り手目線になりやすいので、あまりおすすめしていません。

もちろん、高度なマーケティング教育を受け、高いスキルを持つプロの方であれば使いこなせるかもしれません。しかしながら、少なくとも、僕たち個人事業主や中小企業が、このプロセスを学んで日常業務をこなしながら「売れる仕組み」を組み立てようとしても、かんたんではありませんよね。

そんな理由もあって、このプロセスをまったく違うアプローチから学べるようにしたのが本書の内容です。かみ砕いて表現を変えているので、見え方は違いますが、本書でご紹介した「3つのルール」も、コトラーのマーケティング・プロセスをたどっ

図7－10　コトラーのマーケティングプロセスと3つのルール

簡略版

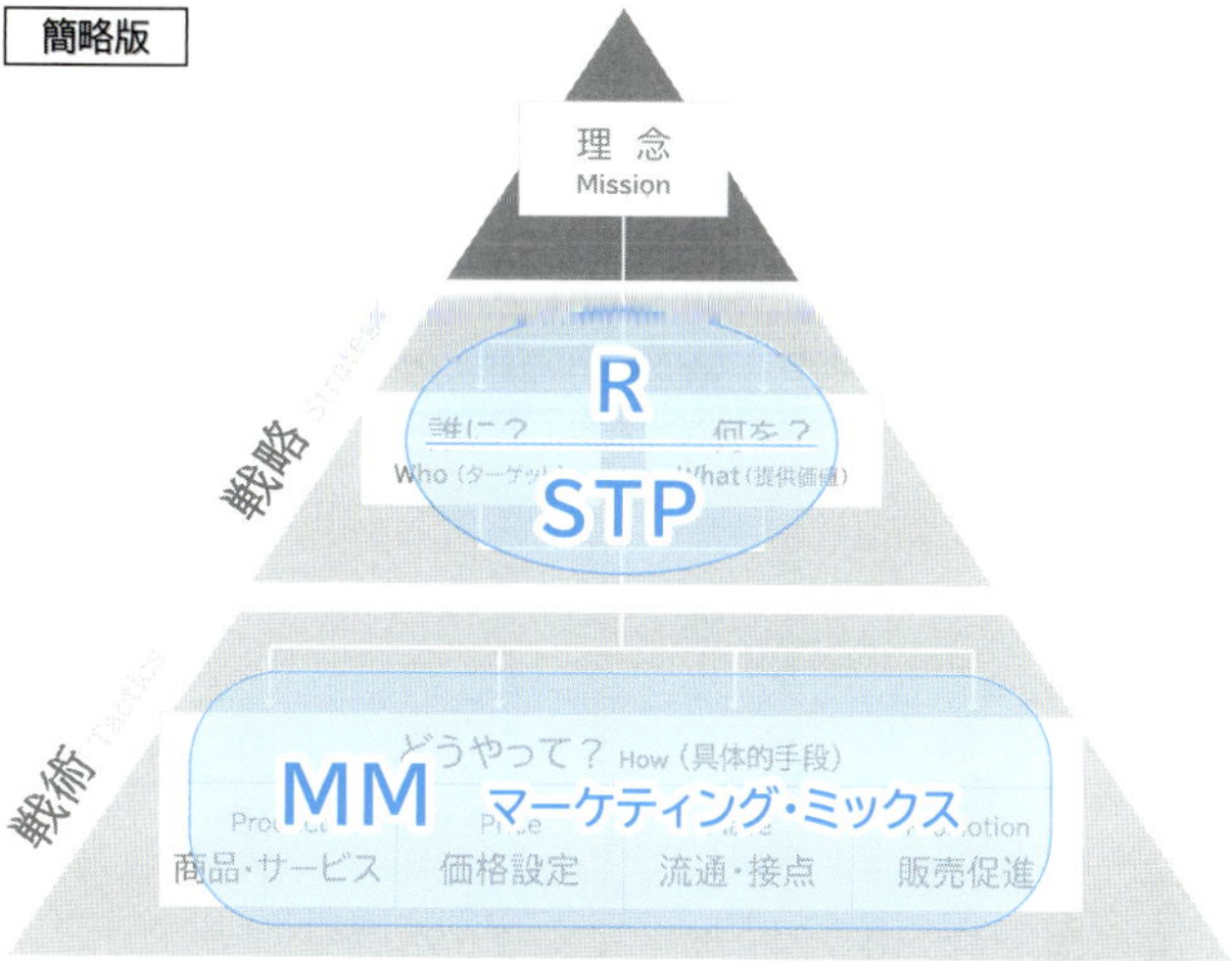

ています。

図解にすると図7－10のようになります。

かなり違って見えますが、本書を読んだ後で一般的なマーケティングの本をお読みいただくと、構造的に理解できるので何倍も理解しやすいかと思います。もう少し専門的な用語や一般的に使われるフレームワークも学びたい方は、是非チャレンジしてみてください。

大企業と個人・中小企業の決定的な違い

本書では、マクロ環境分析の考え方をほぼ入れていない理由もお伝えしておきます。理由はシンプルで、個人事業主や小さな中小企業向けに書いているためです。

大企業と僕たち個人・中小企業のマーケティング活動で決定的に違うのは、市場調査や顧客調査で蓄えられるデータの量です。数百万円、数千万円といった調査費用を払うことはできませんし、そのために専門の人材や設備を構えることもできません。

マーケティング戦略思考の根幹である「お客様の理解」を現実にするには、マクロに目を向けるよりも、目の前にいる強みが活きる「特定のお客様」に向けて最速で仮説検証を行っていくことのほうが確実で重要だと考えているからです。

本書でご紹介した戦略5原則にはお客様目線で検証していく方法が用意されていま

す。まずは、できる範囲で最速で仮説を作り、戦略5原則と連動したアンケートで検証していくということをおすすめします。

戦略5原則には、

①アンケートを使った具体的な検証方法
②市場を絞り込む方法
③自社に合う強みを作るパターン
④コンセプト／USPの作る方法
⑤ウェブサイトの設計方法
⑥キャッチコピーを作る方法

など、3000件200業種以上の支援の中で培ってきたより深い活用方法が多数あります。本書で書ききれなかった内容については、また機会がありましたらご紹介させていただきます。

まとめ　第8章　コレだけはおさえておこう！

○お客様が目で見て、耳で聞いて、肌で感じて、五感で体感できるすべての活動を一貫させることで、お客様の頭の中に自然に醸成されるポジティブなイメージがブランドイメージ

○一番有名なフィリップ・コトラー教授の「R→STP→MM→I→C」のマーケティングプロセスと本書の3つのルールは実は同じ

○市場や顧客データのない個人・中小企業は、目の前にいるお客様に対してできる範囲で最速で仮説を作り、検証していくことのほうが確実で重要

第 8 章

事例でわかる「小さな会社の売れる仕組み」

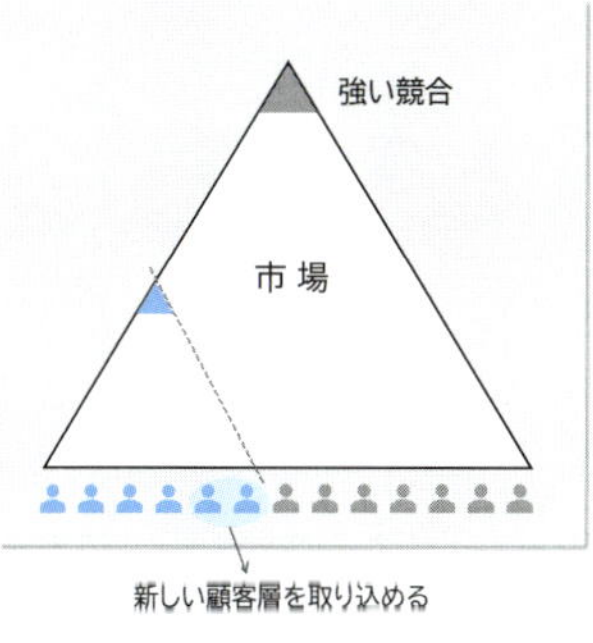

本書でご紹介した「戦略5原則を起点とする売れる仕組み」づくりを実践した小さな会社の事例を、承諾を得て公開可能な範囲でご紹介します。競合ひしめく市場の中で、選ばれる市場の立ち位置（ポジション）をとり、どのように商品設計・集客設計に落とし込み成果を上げてきたのかご参照ください。

事例❶

健康食品会社

老舗でも戦略的にウェブで展開して新規顧客を獲得

55年愛され続ける大麦若葉の青汁の元祖「コダマ健康食品株式会社」
https://www.kodama-kenko.jp/

1つ目の事例は、九州エリアを中心に18店舗ほか、全国有名百貨店や海外での催事販売も行っている「コダマ健康食品株式会社」さんです。「**毎日のバランスの良い食事**が第一で健康食品はその補助」という信念のもと、単に健康食品を販売するのではなく、健康的な食べ方の相談や情報提供など、お客様とのコミュニケーションを重視した信頼関係を深める**カウンセリング販売**で業績を伸ばしてきました。

看板商品の「元祖・有機大麦若葉エキスの青汁」という商品は、熱を加えずに絞ってエキスを抽出した青汁です。熱に弱い栄養素も摂取できて、青汁特有のザラつき感もありません。添加物を使用していないため自然の味に近く本当に美味しいので小さな子を持つお母さんにも多くのファンがいます。

このような商品の特徴は、対面販売で丁寧にコミュニケーションを行いながらお客様にお伝えし、ご理解いただければ「選ぶ理由」になります。しかし、ウェブ通販の場合は話が変わります。

特に、健康食品のようにお客様が明確な「選ぶ基準」を持っていない商品の場合は、選ぶ理由が伝わらない限り「価格が安い」「レビュー数が多い」「有名人が宣伝している」「CMでよく見る」というような理由で大手の商品に流れてしまいますよね。

健康食品の通販市場は、名立たる大企業はもちろん、ウェブマーケティングのノウハウをもった事業者も次々と参入している苛烈な市場です。

さらに、忘れてはいけないのが薬機法（旧薬事法）の対応です。トクホ（特定保健用

図8−1　「北海道産たもぎ茸濃縮エキス」

食品）の認定取得がない商品の場合、治療効果や予防効果、具体的な病名を使った宣伝・情報発信ができません。認定取得には、相当な時間や資金が必要になるので中小企業にとっては大きなハンディキャップになります。

そのような条件の中で、大手企業ほどの予算もなく、卓越したウェブ通販のノウハウもないコダマ健康食品さんが、戦略的にターゲットを見極め、強みの一点突破で新規顧客を獲得した好例をご紹介します。

価値を伝えるのが難しい商品のターゲット設定

ご紹介する事例は、「北海道産たもぎ茸濃縮エキス」という、キノコ類に多く含まれる「エルゴチオネイン」という希少アミノ酸を豊富に含んでいる健康食品です。「エルゴチオネイン」が含まれる健康食品の中でも、含有量がもっとも高く濃縮エキスのため、吸収性に優れており、出汁の代わりとしても利用できるなど個性的な商品です。

「エルゴチオネイン」の存在や価値について、お客様がまだ知らないなら「含有量が一番高いんです！」と伝えても当然、買う理由にはなりません。しかし、「エルゴチオネイン」について、テレビや雑誌、医療関係者が行っているYouTubeチャンネルなどで学んでいたり、他社商品を利用している方であれば、「含有量が一番高い」ことは明確な買う理由になります。

そのような情報をキャッチして、興味を持っている健康意識の高いユーザーや既に他社商品を利用している方をターゲットに設定すれば、伝えることはシンプルで済みます。薬機法にふれる表現で改めて説明する必要もありません。

この商品の強みで一点突破するターゲット設定を本書でご紹介した戦略5原則で表

図8−2 「北海道産たもぎ茸濃縮エキス」の戦略5原則

① 顧客は誰？	エルゴチオネインについて 既に知っている・既に試している方
② 価値は何？	高品質で安全性の高い エルゴチオネインの商品がほしい →○○を緩和し健康な生活を送りたい
何屋さん？	エルゴチオネイン屋さん
③ 競合は誰？	・Web広告上の他社の健康食品 ・現在使っている他社の健康食品
④ 強みは何？	・含有量がもっとも高い ・製造はたもぎ茸製品シェアNo.1のS社 ・続けるほどお得な料金プラン
⑤ コンセプト	テレビや雑誌で話題の エルゴチオネインを一番濃縮したエキス！

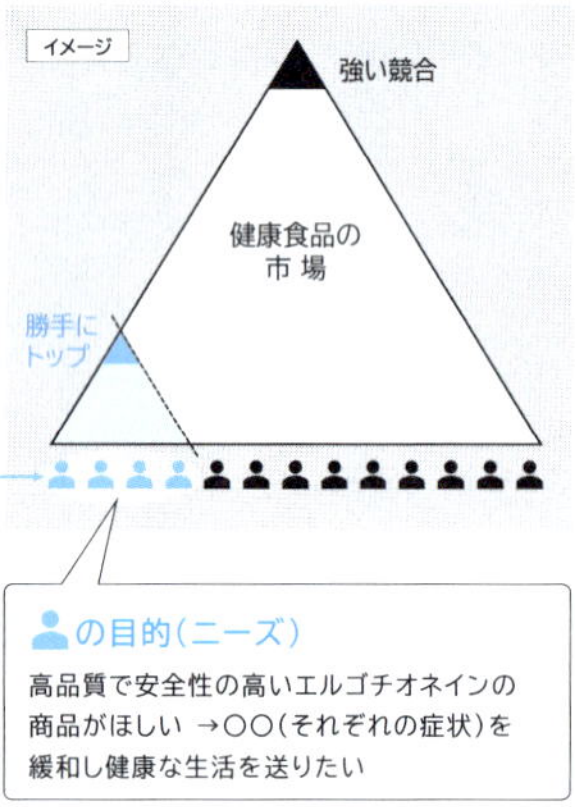
イメージ
強い競合
健康食品の市場
勝手にトップ
の目的（ニーズ）
高品質で安全性の高いエルゴチオネインの商品がほしい →○○（それぞれの症状）を緩和し健康な生活を送りたい

すと図8−2のとおりです。

お客様が聞きたいことと自社がいいたいことは分けて考える

コダマ健康食品株式会社通信販売部の溝上裕貴さんに感想をお聞きしました。

価値が正しく伝わりさえすれば売れるという商品なのに、伝えるのが難しい商品ってありますよね。

弊社も商品力には自信がありますが、オンライン上で価値を伝える難しさは日々実感しています。

健康に携わる分野なので、薬機法に対応する必要があり、「具体的な病名を入れられない」「予防効果なども表示できない」など、どうしても抽象度の高い文章になってしまうのも難しさの要因です。

また、店舗での対面接客とは異なり、興味がなくなれば一瞬で離脱されてしまう厳しい世界でもあります。

このように制限がある中で、「商品の強みを一番評価して喜んでくれるのは誰だろう」と、戦略5原則に基づいて考えた結果、エルゴチオネインについて既に知っている・既に試している方というターゲット設定になりました。

コダマ健康食品株式会社
通信販売部の溝上裕貴さん

実は、この商品には「エルゴチオネイン」の他にも「β-（1→3）-グルカン」などの強みになるポイントがあります。

ただ、戦略5原則に基づいて考えた内容とウェブ広告のキーワード調査を組み合わせた結果、「エルゴチオネイン」を強く押し出す方向性に決めることができました。

そのため広告やランディングページにおいて伝えるべきポイントが明確になり、良い結果に繋がったのだと思います。

最終的には、テレビで「エルゴチオネイン」の特集が放送された際に併せてウェブ広告を打ち出すことで、多くのお客様にご購入いただくことができました。

どうしても、販売側としては商品の特徴をあれこれ伝えたくなるものですが、「お客様が聞きたいことと、自社がいいたいことは分けて考える」「ターゲットの関心がない特徴はあえて捨てる」ということも大切なんですね。

戦略5原則に従って整理すると、ターゲットに伝えるべき特徴が明確になると実感していただけたようです。

事例❷

個別指導塾
コンセプトに合わせて集客設計を見直し、理想顧客を集める

やりたいことを諦めず5教科オール4を目指す「個別指導塾オール4」
https://all-for.jp/

2つ目の事例は、福岡県北九州市八幡西区で、勉強と習い事を両立しながら、子どもの将来の可能性を広げる「個別指導塾オール4」さんです。

少子化の一方で、子ども一人あたりの教育費は増加しています。大手学習塾はもちろん、オンライン家庭教室や、学習アプリなどのコンテンツも競合になる苛烈な市場の中で、どのように独自の立ち位置（ポジション）を明確にし、理想的な顧客（生徒さん）を集めているのか？

図8－3　個別指導塾オール4の戦略5原則

① 顧客は誰？	教室近辺の 勉強と習い事を両立したい子（と親）
② 価値は何？	好きなこと・得意なこと（趣味・スポーツ）を 勉強で諦めたくないけど、学力で将来の 選択肢を狭くするのは避けたい
何屋さん？	勉強と好きなことの両立支援屋さん
③ 競合は誰？	・近隣にある大資本の有名塾4～5社 ・家庭教師 ／ アプリ等の自習教材
④ 強みは何？	・1日1時間でオール4の戦略的学習法 ・コーチング型の進路指導 ・将来の目標から点数・学習範囲を設定 ・小論対策・地域活動など推薦対策に強い
⑤ コンセプト	1日1時間の学習習慣をつけて 5教科オール4がとれる個別指導塾

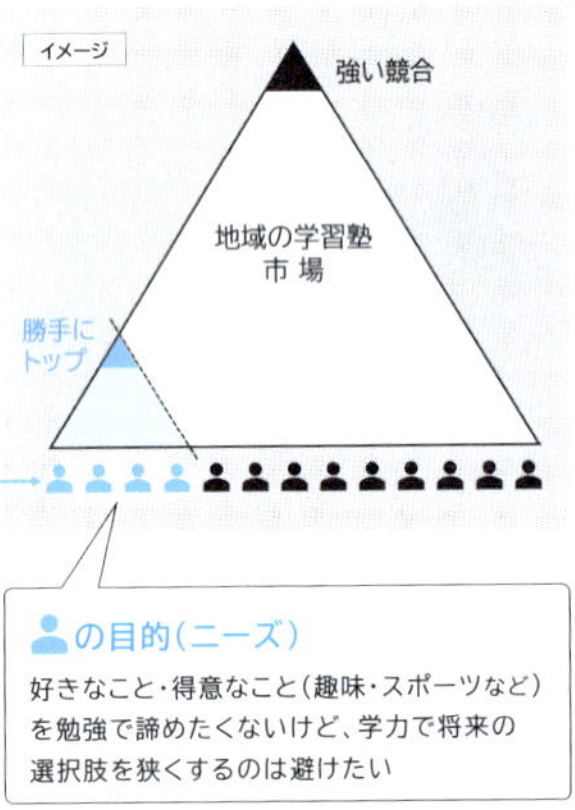
イメージ
強い競合
地域の学習塾
市 場
勝手に
トップ
の目的（ニーズ）
好きなこと・得意なこと（趣味・スポーツなど）
を勉強で諦めたくないけど、学力で将来の
選択肢を狭くするのは避けたい

個別指導塾オール4さんの戦略5原則と集客設計に注目してご紹介していきます。

個別指導塾オール4さんの戦略5原則

ターゲットは、教室に通える地域の中学生・高校生。その中でも特に、好きなことや得意なこと、例えば、ピアノ、ダンス、サッカー、野球などに真剣に取り組んでいて、今後も続けていきたいと考えている方です。

名称のとおり、5教科オール4を目指すコンセプトなので、学歴重視で良い高校・大学に入ることが目的の生徒さんはターゲットから外れます。

このようなターゲット層の方が学習塾を利用する目的（ニーズ）はなんでしょうか？

例えば、好きなこと・得意なことを続けたくても、成績が落ちれば将来を心配する親から文句をいわれることもあります。入りたい高校・大学があっても学力が足りず選択肢が狭くなることもあるかもしれません。

しかし、5教科オール4が取れていれば、選択肢はかなり広がりますし、効率的な学習で狙える範囲なので好きなことを諦めずに両立することも可能です。

習い事や趣味・スポーツで忙しい学生さんにとって、「1日1時間で5教科オール4」という非常に明快なコンセプトは刺さりそうですね。ここからは、そのコンセプトをどのように集客設計に落とし込んでいったのかご紹介します。

図8－4　改善前の外観（タペストリー看板）

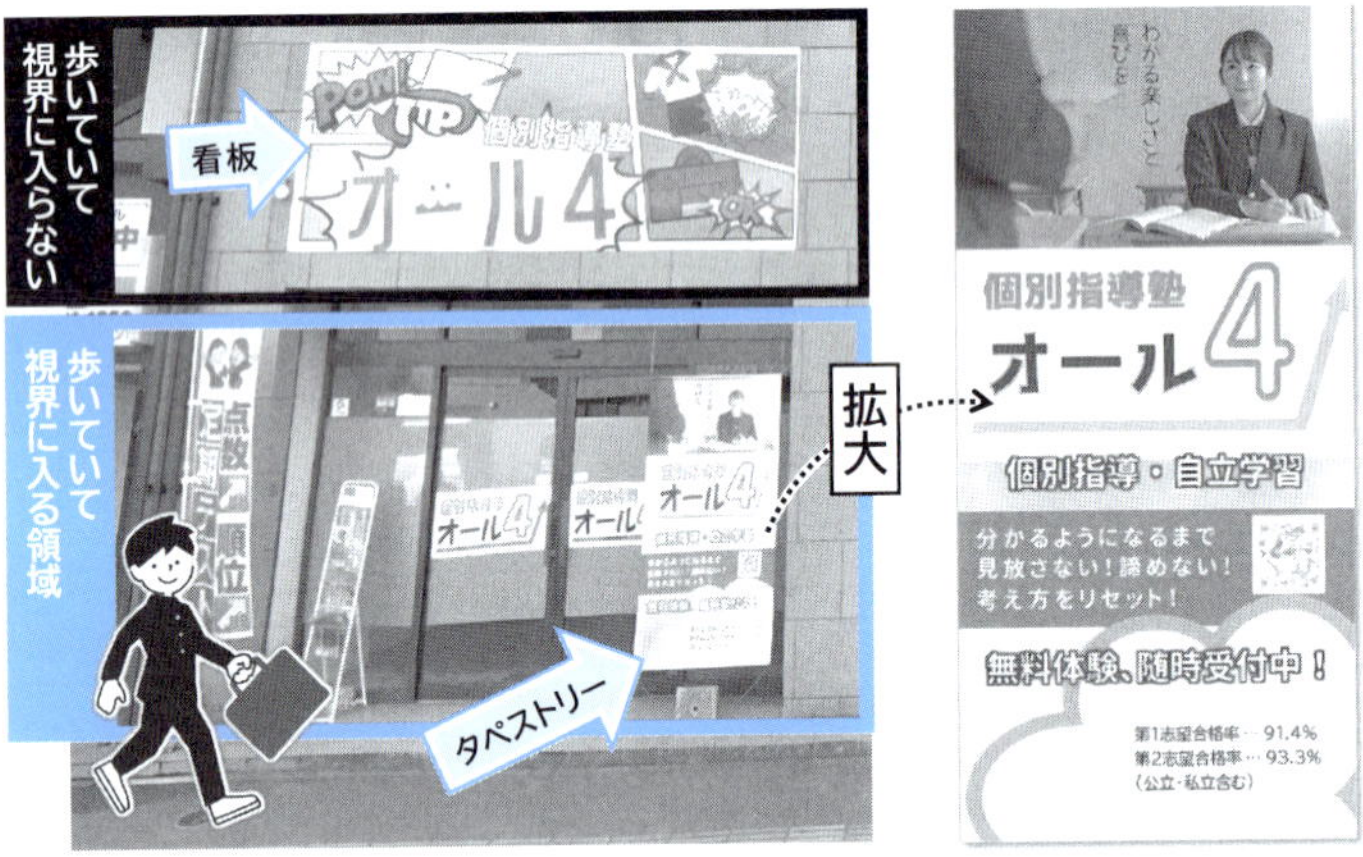

コンセプトと集客設計の食い違い

第6章の集客設計でお伝えしたとおり、どのような商品・サービスでも「存在を知って興味をもっていただく」ところからスタートです。大通りに面した好立地の店舗・教室などの場合、ウェブ上のブログやSNSや広告を使わなくても集客ができてしまうくらい一番大きい認知の媒体が「外観」です。

図8－4は、個別指導塾オール4さんの黒崎駅前校の外観です。

入口の上にあるコミカルな看板は、大通りを走る車からも見えるインパクトの強い看板です。しかし、実際に教室の前を歩いてみたところ、ビルの縁《へり》もあり、残念ながら視界に入りませんでした。

歩いてみて視界に入るのは、定期テストの成績アップを謳う市販ののぼりと、デザイナーさんに依頼した背丈ほどあるタペストリーですが、「学習塾」であることはわ

図8－5
改善後のタペストリー看板

かっても、どの塾でもいえてしまうメッセージで、コンセプトが伝わっていない状態でした。

その結果、近隣の大手学習塾よりも価格帯を多少安くしていたこともあり、「安いから来ました」という、想定するターゲットとは違う客層が集まり、集客も安定していない課題がありました。

コンセプトと集客設計をすべて連動

課題が明らかになってからのオール4さんの動きは早く、翌週には新しいタペストリー案を作成・発注されていました。

それが図8－5。めちゃくちゃ目立ちますね！

一番最初に目線が入る上部は、遠目からでもコンセプトがわかる文字の大きさで「認知」の関門を通過。さらに、マンガ調で興味を持ちやすく、読むことで共感し

図8−6　改善前・改善後の集客媒体の売れを比較

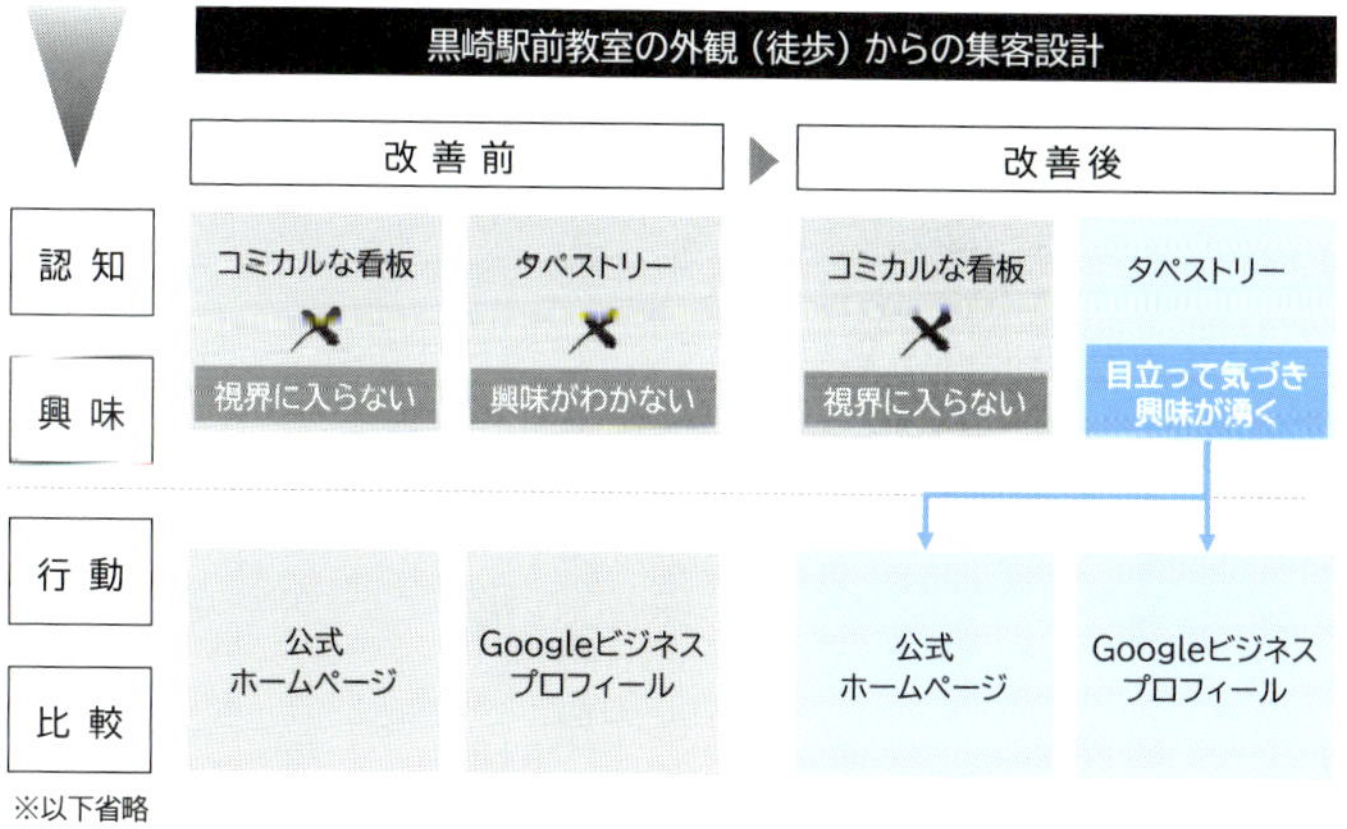

佐藤義典著『図解 実戦マーケティング戦略』P.97の図を参考に筆者が事例をあてはめた

「興味」の関門を通過したターゲットは、「行動」して具体的な情報を調べて、ウェブサイトやグーグルビジネスプロフィールにアクセスしてきます。

改善前と改善後の媒体の流れをまとめてみると、図8−6のような感じです。

入り口の上の看板については建物の構造上、徒歩で教室の前を歩く方には見えにくいので変わらずですが、タペストリーから次の流れに進むようになりました。

さらにアクセスした先のホームページやグーグルビジネスプロフィールでも、コンセプトに沿って期待感がより膨らむように情報を整えて提示していきます。

特にホームページでは、コンセプトで表現した価値が「本当である客観的な証拠」を提示することで、選ぶ理由をより明確に伝えることが大切です。そして期待感と同時にやってくる不安や疑問といった選ばない理由を先回りして潰す設計を行うことで、安心して最初の一歩を出せる「体験教室」にご応募いただけるようになります。

「低価格を前面に押し出すのはやめよう」原点に立ち返る良い機会に

「個別指導塾オール4」を運営する塾長の岡田将治さんに感想をうかがいました。

立ち上げ当初に教わった「戦略5原則」を使ってコンセプトを設計しました。

そこから数年後に、市のDX推進センターの専門家派遣に久野さんが登録していることを知り、改めてウェブ集客のご相談をしたところ、コンセプトとのズレが次々と見つかりました。

「どんなお客様に、どんな価値を提供したいか」は自分の中でハッキリあったので、スグに改善を行いました。ウェブサイトのトップのキャッチコピーを変更したその日のうちに、ターゲットどおりの生徒さんからの申し込みがあり驚きました。

これまでは、「他より安いから」というような理由でのお申し込みが多く、利益率が悪く、トラブルに発展するケースもありました。低価格を押し出すのは止めようと考えていたので、ちょうど良い機会となり、原点に立ち返ることができました。

理想的な生徒さんからの応募も続いており、黒崎駅前校よりも単価の高い相生校も順調で、大手教育会社とパートナー契約を結ぶこともできました。

経営をしていく上では、難しい理論や分析も大事になる場面はあるかもしれません。

しかし、「誰に対してどんな価値を提供したいか」をシンプルに自分が分からなければ、誰にも伝えることはできませんし、スタッフも顧客もついてきてくれません。

まずは戦略5原則でシンプルに考えてみるのが一番です。

塾長の岡田将治さん

事例❸

お花教室専門のオンライン経営スクール ターゲットを絞り込んで高い価値提供を行う

フラワー教室経営をフルサポート
LWF自宅教室経営スクール
https://school.lifewithflowers.net/

３つ目の事例は、お花教室を専門にオンライン経営スクール事業をされている「ＬＷＦ自宅教室経営スクール」の志村美妻さんです。

地域ビジネスと違い、ウェブ上で商品を販売するということは比べられる競合も増えるということです。

起業・副業ブームもあり、高単価の経営スクールや起業塾・集客コンサルタントは増え続け、当然のように知名度や実績のある強い競合も数多くいます。

その中で、後発組のオンライン経営スクールとして事業を始めた志村さんが、どのように顧客を獲得し、事業を発展させ継続しているのか？

「LWF自宅教室経営スクール」を主宰する志村さんの戦略5原則に注目してご紹介していきましょう。

「LWF自宅教室経営スクール」さんの戦略5原則

メインターゲットは自宅でお花の教室を行っている一人経営者です。

そのターゲットの一番の課題・困っていることは、恐らく「集客」でしょう。

しかし、それだけではなく「お花の教室運営ならでは」のマインドや技術の習得だったり、生徒の定着率アップだったり、利益の出る商品作りだったり、掘り起こして

図8−7　LWF自宅教室経営スクールの戦略5原則

① 顧客は誰？	自宅でお花の教室を行っている 一人経営者
② 価値は何？	お花の先生としての マインドや技術、集客や商品づくりなど 教室経営に必要なことを身につけたい
何屋さん？	お花の教室経営の先生育成サポート屋さん
③ 競合は誰？	・オンラインの経営ビジネススクール ・SNS等の集客コンサルタント
④ 強みは何？	・お花の教室経営の特化したカリキュラム ・集客だけではなく、魅力ある教室づくりや マインド・技術などトータルで学べる ・徹底した個別指導と各分野の専門家講義
⑤ コンセプト	あなたにしかできない 教室づくりをオンラインでフルサポート！

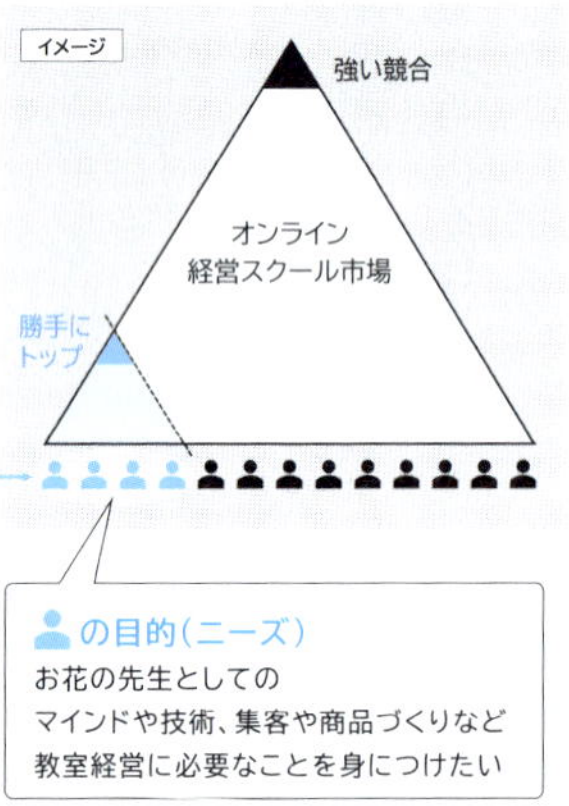

みれば多岐にわたります。

その点で、志村さんは19年で3000人以上にフラワーアレンジメントなどを教えてきた現役の「お花の教室経営のプロ」であり、集客だけではなく、フラワーアレンジメントやブーケの技術、先生として信頼されるマインドとマナーを教えることができます。

もし、ターゲットを広く狙い「SNS集客だけ」を教えるスクールであったなら、実績やブランド力、SNS上の発信力・影響力を持つ集客スクールやコンサルタントと強制的に比較されて、負けていたかもしれません。

志村さんの場合はターゲットを絞り込み

「お花の教室」に特化したことで、市場の中で選ばれる立ち位置（ポジション）を明確にし、そのコンセプトに沿ってライブ配信やブログなどの発信にコツコツ取り組み、徹底した個別指導で信頼を獲得。後発組のオンライン経営スクールでありながら順調に事業を伸ばしていらっしゃいます。

狙えるけど狙わない「勇気」

本書の趣旨に照らして特筆すべき点は、何といってもメインターゲットとして「お花の教室」に特化してスタートしたことです。

後発組として強い権威やブランド力がない状態からスタートする際に、広く狙ってしまうと差別化できる強みが薄れてしまい、集客に苦労したり、合わない顧客に消耗したりしてしまいます（第2章48ページ参照）。

そのような戦略なきマーケティングに陥ってしまうケースのほとんどは、**狙えるから狙って失敗**しています。

複数のターゲットを同時に狙えば狙うほど、伝えるべき価値のメッセージが分散したり、抽象度が上がったりするので、誰にとってどう都合が良いか曖昧になり、負けてしまうのです。

そうはいっても、ターゲットを絞り込むのは、「お客様を取りこぼしてしまう気がして怖い」と思うのが普通です。だからこそ、狙えるけど狙わない「振り切る勇気」が必要なんです。

志村さんの場合、インスタグラムのプロフィールにも、ランディングページのメイン画像にも「お花の先生」を対象にした経営スクールであることが明記されています。誰から見ても、コンセプトが明快になるので、インスタグラムの情報洪水の中でも見つけてもらいやすく、選んでもらいやすくなる訳です。

ターゲット以外のお客様はお断り？

図8－8　LWF自宅教室経営スクールの「よくある質問」

Q　お花の教室に特化した内容のようですが、お花でないとだめですか？

A　お一人で、ご自宅に近い形で教室を開いている習い事の先生を対象としています。私の前職は、大手進学塾の講師でした。その後に生花店に勤務し、現在の花教室経営（開講18年）に至っております。

それらで身についた「教える」「人に[illegible]提供する」「人を集める」ノウハウを、形にしておりますので、習い事の教室経営全般に使える知識と技術をお伝えできます。今までの受講生様の中にも、ポーセラーツ、デコパージュ、パーチメントクラフト、テーブルコーディネート、ベビーシャワー、ヨガ＆ウォーキング、整理収納や紅茶のサロンの先生もいらっしゃいます。

（https://school.lifewithflowers.net/）

ターゲットを絞り込むと考える際に勘違いされる方が多いのですが、マイナス評価に繋がる価値観の合わないお客様や、他のお客様にご迷惑がかかるような場合を除き、「ターゲット以外の方はお断り」まではしなくても大丈夫です。

情報を受け取り、売り手が提供する価値に強い興味を持ったお客様は「自分も対象になる？　受講して大丈夫かな？」と調べてくれます。その際に、メインターゲットより少し広く、価値を提供しても問題のないサブターゲットまで「よくある質問」などに明記しておけば、お申し込みをいただくことができます。

志村さんのスクールのランディングページにも図8－8のように表記があり、実際にテーブルコーデイネート、ヨガ&ウォーキング、整理収納、紅茶サロンなど、お花以外の先生も受講されているそうです。

漠然としていたターゲットや宣伝が戦略5原則で確信に変わった

「LWF自宅教室スクール」の志村美妻さんに感想をうかがいました。

ずっと、花教室経営の経験や、塾講師時代に得た知識を活かして「経営スクール」を始めたら、どなたかのお役に立てるのではないか……そう思っていました。

ただ、どういう人をターゲットに、どう宣伝したらいいのかイメージがつかめず、マーケティングを学んでみようと思うようになりました。

幸運だったのは、「LWF自宅教室経営スクール」を始める3カ月ほど前に久野先生の講座を受講したことでした。

戦略5原則のワークに取り組んだ時に「勝手にトップ」になる考え方や、「競合」の考え方が大変わかりやすく、私の迷いをすべて取り除いてくれました。数回繰り返すうちに精度が上がり、どんどんターゲットが狭くなりました。

多くの人に集まってほしいという思いから、もしあの時、もっと広いターゲットにしていたら、一期生から誰も集まらなかったと思います。私の経験がダイレクトに伝わる、「お花の先生専門の経営スクール」としたからこそ、受講生様が集まってくださいました。

またそれだけでなく、受講生様のお悩みや課題が手に取るようにわかるので、一人ひとりの成果に繋がり、実績となっていると思います。自分にできることをよく見つめ、対象のお客様を絞ることで、結果、自信を持って仕事ができるようになると確信しています。

「LWF自宅教室スクール」の志村美妻さん

ターゲットを絞り込む怖さは誰にでもあります。そこをあえて、戦略5原則でコンセプトを明確にしていくと、多くを狙わない勇気が生まれます。その結果、勝手にトップを狙えるのです。

事例❹

整体サロン
商品コンセプトを絞り込み、地域最安値から脱却

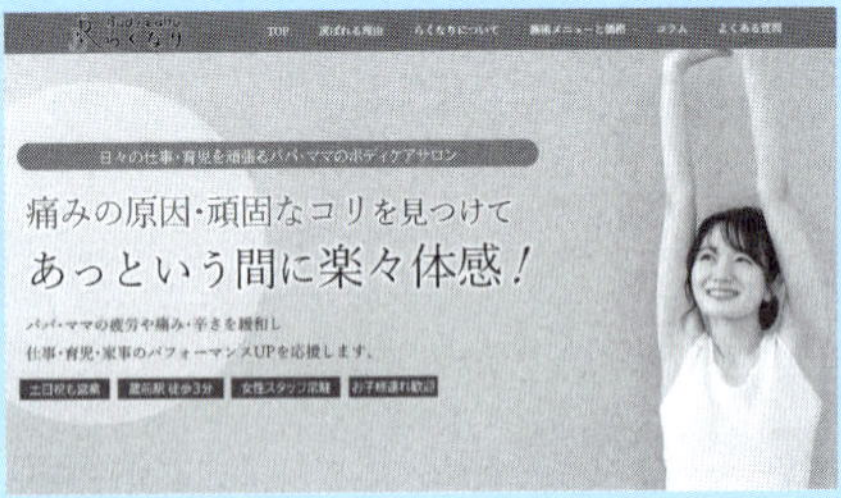

仕事・育児を頑張るパパ・ママの蔵前・浅草のボディケアサロン「BodyLaboらくなり」
https://bodylabo-rakunari.com/

先ほど、ターゲットを絞り込むのは「お客様を取りこぼしてしまう気がして怖い」と思うのが普通とお伝えしましたが、どうしても絞り切れない場合もありますよね。その場合の対処法の一つとして、参考になる事例をご紹介します。

事例の4つ目は、東京都台東区で仕事・育児を頑張るパパママのボディケアサロンをされている「BodyLabo らくなり」の兼岩孝さんです。

2013年から浅草橋駅・徒歩1分の通りに

面した店舗を構え、スタッフを雇い、低単価で気軽に立ち寄れる「もみ処 らくなり」を行ってきましたが、2023年に蔵前エリアへ移転して大規模リニューアルし、ご夫婦2人で運営する形に変わりました。

「子育てや仕事に奮闘するパパママの応援」をミッションに掲げ、これまでの低単価で回転数を上げる薄利多売のモデルではなく、客数を絞って単価を高めに設定。一人ひとりのお客様に寄り添い、高い価値提供を行える完全予約制・完全個室のプライベートサロンとして生まれ変わりました。

そんな、Body Laboらくなりさんの事例から、ターゲットを絞り込むことができない場合の対処法の1つとしてどのように考えていけば良いか、ご紹介していきましょう。

事業全体と商品単位のターゲット設定

らくなりさんが掲げるミッションは、「子育てや仕事に奮闘するパパママの応援」。

しかし、サロンがある蔵前駅周辺で「子育てや仕事を頑張るパパママ」とすると、ターゲットとしては少し広すぎます。

ひとくちに「子育てや仕事を頑張るパパママ」といっても、さまざまな状況のさまざまな悩み・困りごとがあるので、具体的なニーズが見えないからです。

駅前&低単価路線であれば、具体的なニーズが見えなくても立地と価格の安さを理由に選ばれることもあります。しかし、客数を絞って単価を高めに設定したリニューアル後は、具体的なニーズに対して、差別化できる強みをつくらなければ周辺の強い競合に負けてしまいます。

そこで役立つのが、「事業全体としてのターゲット」ではなく「商品単位のターゲット」を具体的に絞り込むという考え方です。

事業全体のターゲットである「子育てや仕事を頑張るパパママ」の中でも個々のメニューが特にどんな人に都合が良い商品なのか？　商品ごとに戦略5原則をつくってターゲットを具体化することで、選ばれる理由をつくり、届けることができるように

図8−9　商品単位のターゲットをさらに絞り込む

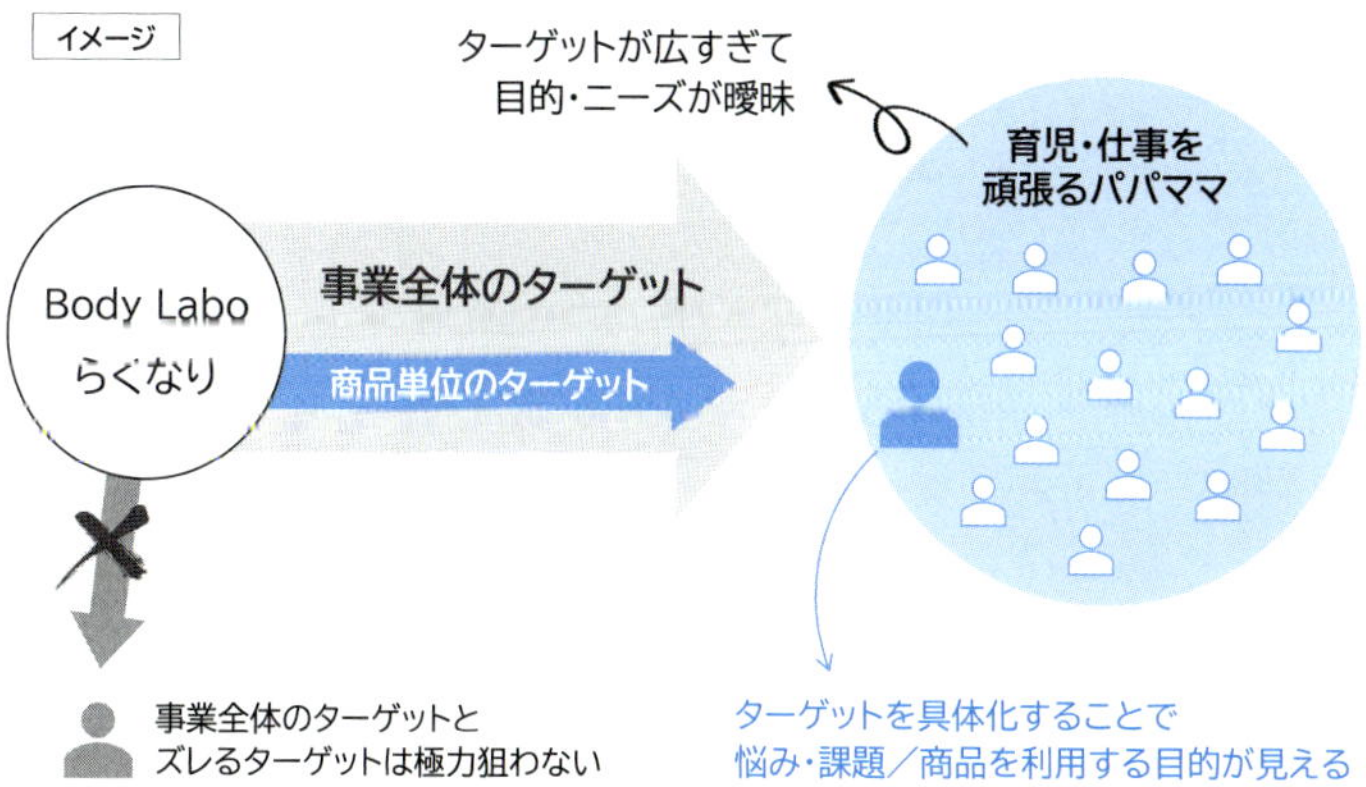

なります。

その場合は、ターゲットや目的（ニーズ）の違う別の商品とは分けて、チラシ、広告、SNSなどで発信することが必要になります。

なお、事業全体のターゲットからズレるターゲット設定をしてしまうと、お客様から見た際の「選ぶ理由」が薄くなり、価値を伝えるのが難しくなるので、事業全体のターゲットと商品単価のターゲットはズレないようにご注意ください（図8—9）。

では、商品単位でターゲットを具体化したBodyLaboらくなりさんの戦略5原則を見てみましょう。

図8−10　マタニティ整体の戦略5原則

① 顧客は誰？	蔵前駅周辺の 仕事・家事・子育てを頑張る妊娠中のママ
② 価値は何？	頭痛や腰痛の痛みを緩和して仕事・子育てを楽にしたいけど、妊娠中で整体に行けないし痛み止め等の薬も飲みたくない
何屋さん？	マタニティママのパフォーマンスUP屋さん
③ 競合は誰？	・他のマタニティ施術可能な整体 ・我慢する
④ 強みは何？	・完全個室で小さな子連れOK ・夜20時までで仕事帰りでもOK ・あっという間に楽々で体感の早さが自慢！ ・マタニティ整体の専門技術を修了
⑤ コンセプト	薬に頼らず、お腹の赤ちゃんにも負担なく頑固な痛み・コリがあっという間に楽々に！

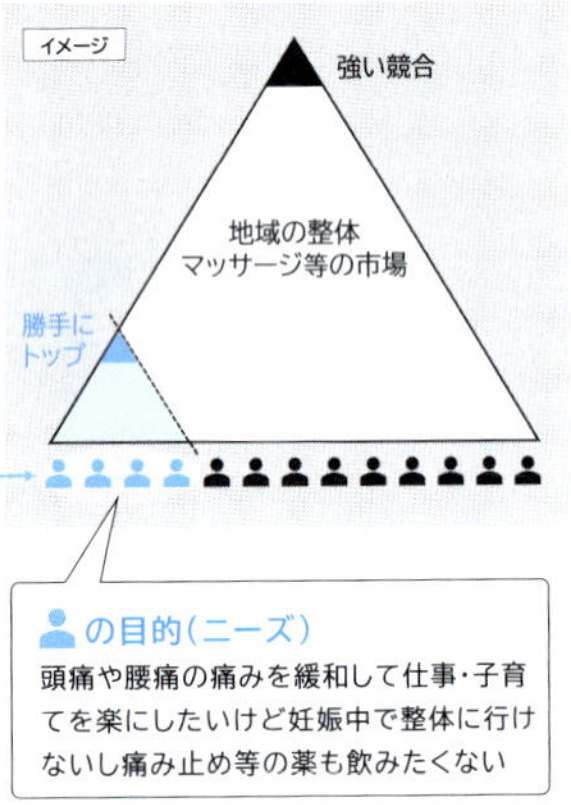

商品レベルの戦略5原則

ご紹介するのは、主力メニューの1つである「マタニティ整体」の戦略5原則です。

ターゲットは、蔵前駅周辺の「子育てや仕事を頑張るパパママ」の中でも妊娠8〜35週目前後のマタニティママです。

妊娠中の場合、整体に行っても断られてしまったり、お腹の赤ちゃんを気遣って痛み止めを飲まずに我慢したりする方も多いでしょう。職場にお勤めの方なら、妊娠を言い訳に仕事のパフォーマンスを落として仕事仲間に迷惑をかけたくないと感じる方もいらっしゃいます。

また、サロン側が施術可能であっても、子育て中で「まだ小さい上の子どもと一緒だから施術を受けに行けない」という方も多いようです。

施術を行う兼岩さんご夫婦は、産前産後の整体スクール過程を修了しており、マタニティママの施術も可能です。

そして、小さなお子様連れでもストレスなく来店できる完全予約制・完全個室のプライベートサロンであることも「選ばれる理由」になっています。

このように、事業全体でターゲットを絞り込むのが難しい場合には、1つの商品のターゲットを具体化して、選ばれる理由をつくる方法もご検討ください。

戦略を立てることで薄利多売から厚利少売のビジネスモデルへ

「BodyLabo らくなり」代表の兼岩孝さんに感想をうかがいました。

「BodyLabo らくなり」代表 兼岩孝さん

２０１３年に初めて開業した当時は、ターゲット顧客層など何も考えないでスタートし、「地域最安値」として値段の安さを売りに商売をはじめました。しかし、コロナ禍で不況に陥り、薄利多売のビジネスモデルが成り立たなくなり、閉店を考えるようになりました。

その頃、久野さんの YouTube に出会い、ストアカで開講していた講座にも参加し、市場弱者のマーケティング戦略思考を勉強し、特定のファンに大きな価値を提供する「厚利少売」という考え方を学びました。

私たち夫妻が一番価値を提供したいお客様、一番喜んでいただけるお客様は誰か。妻と2人で考えた結果、私たちのように「子育てを頑張るパパママを応援したい」と明確になりました。そこでリニューアルを決めて、再出発することにしたのです。

リニューアル後は個室サロンになり、単価も以前より高く設定しましたが、「マタニティ整体に特化した専門技術があること」を打ち出したことで、事前に調べてくださるお客様が増えました。その結果、他店と比べて選んできたという方が多く、価値をちゃんと評価してくれる理想的なお客様にご来店いただいています。

また、今まで回数券の販売をしたことがなかったのですが、初回体験の後に回数券をご購入される客様も多くなり、本当に良かったです。

一番価値を提供したい「理想的なお客様の立場」で考えることで、商売は好転していくのを実感しています。

事業全体のターゲットを絞り込むことが難しい場合は、商品単位でターゲットを明確にしていくとうまくいきます。

事例❺

法律事務所
戦略的採用マーケティングで即戦力を0円採用

西日本某県の某法律事務所「匿名希望」
（サイト非公開）

最後の事例は少し趣向を変えて、マーケティング戦略思考を「採用」に転用した事例を紹介します。

近年は「採用マーケティング」という考え方も浸透してきていますが、マーケティング戦略思考は、

- 恋愛
- 就職活動
- 離職率の軽減

- 観光・町おこし
- 株主・投資家に向けたIR活動
- 誘致活動
- 選挙活動

など、「別の選択肢」ではなく自分が相手から選ばれる理由をつくり、伝えて、実現していくすべての活動で転用することができます。

現在は人材が採用できず倒産する企業が出ているくらい、深刻な人手不足です。「高い求人広告料を払って採用媒体に求人を掲載しているのに、採用はおろか応募すら1件もない」というご相談もよくあります。

採用市場においても、求人広告費、知名度・ブランド力、高い給与、手厚い福利厚生、好立地でキレイなオフィス、人材育成制度などのお客様（求職者。以下、お客様に統一します）から選ばれる理由を持った強い競合がいて、真っ向勝負をすると基本的に負けます。構造はまったく同じなのです。

だからこそ、戦略的に強みが活きるターゲットに向けて採用活動を設計するマーケティング戦略思考が役に立ちます。

今回は個人経営の法律事務所が実際に行った「無料で即戦力をピンポイント採用した戦略的採用マーケティング」の秀逸な事例をご紹介します。

ここでは仮にA法律事務所と呼ぶことにします。

さっそく、戦略5原則をみていきましょう。

A法律事務所の採用版戦略5原則

ターゲットとしては、通勤圏内で弁護士、司法書士、社会保険労務士、税理士、行政書士の事務所で事務経験があり、扶養の範囲内で仕事を探している子育て中のママさんです。

図8－11　A法律事務所の採用版戦略5原則

① 顧客は誰？	通勤圏内の、士業の事務経験のある 時短勤務希望のママ
② 価値は何？	扶養の範囲内で子育てと両立可能な職場。 特に緊急時のお迎えの対応などストレスなく できる職場環境
何屋さんか？	子育てと両立できる職場屋さん
③ 競合は誰？	・他の士業の事務職／一般事務職 ・パート（内職など）
④ 強みは何？	・何かあれば当日でも休める／すぐ帰れる ・同年代の子育てをしている同僚がいる ・それがストレスなく出来る環境 ・業務のオープン化（脱・属人化）
⑤ コンセプト	子どもが熱を出したりしたときは、朝連絡を して当日休みをとることができます

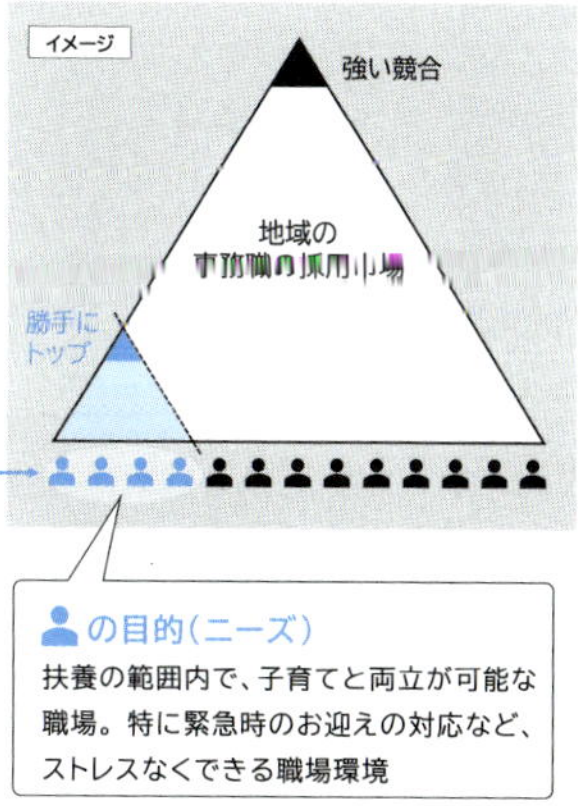
イメージ
強い競合
地域の
事務職の採用市場
勝手に
トップ
の目的（ニーズ）
扶養の範囲内で、子育てと両立が可能な職場。特に緊急時のお迎えの対応など、ストレスなくできる職場環境

このママさんが「扶養の範囲内」で働ける職場を探す際に、職場に期待する価値は何でしょうか？

例えば、子どもが熱を出したときに、当日朝でも電話して休めることだったり、保育園にすぐに迎えに行けるような、家庭を大切にできる職場環境です。

どれだけ給料が高くても、福利厚生が良くても、有名企業でオシャレなビルで働けたとしても、仕事第一で家庭を大切にできない職場風土であれば、このママさんの目的（ニーズ）からズレるので、選ばれることはありませんよね。

そのような目的（ニーズ）に対して、最大の強みはやはり「家庭を大切にすることに対して、職場内でのストレスがない」という点です。

子育てママさんが子どもを理由に欠勤・遅刻・早退をした場合、少なからず他の人に負担がかかり、職場内でギスギスしてしまいますが、この法律事務所ではそれが一切起こらない仕組みと風土をつくっています。

では、この強みをどのように活かして、ピンポイントで即戦力を0円採用したか、公開可能な範囲で重要なポイントをご紹介していきましょう。

ピンポイントで即戦力を0円採用

集客を考える際に重要になるのは、どの川（市場）から水を引いてくるかです。

求人市場といってもさまざまで、リクナビ・マイナビのような転職サイトもあれば、

図8−12　A法律事務所の集客の流れ

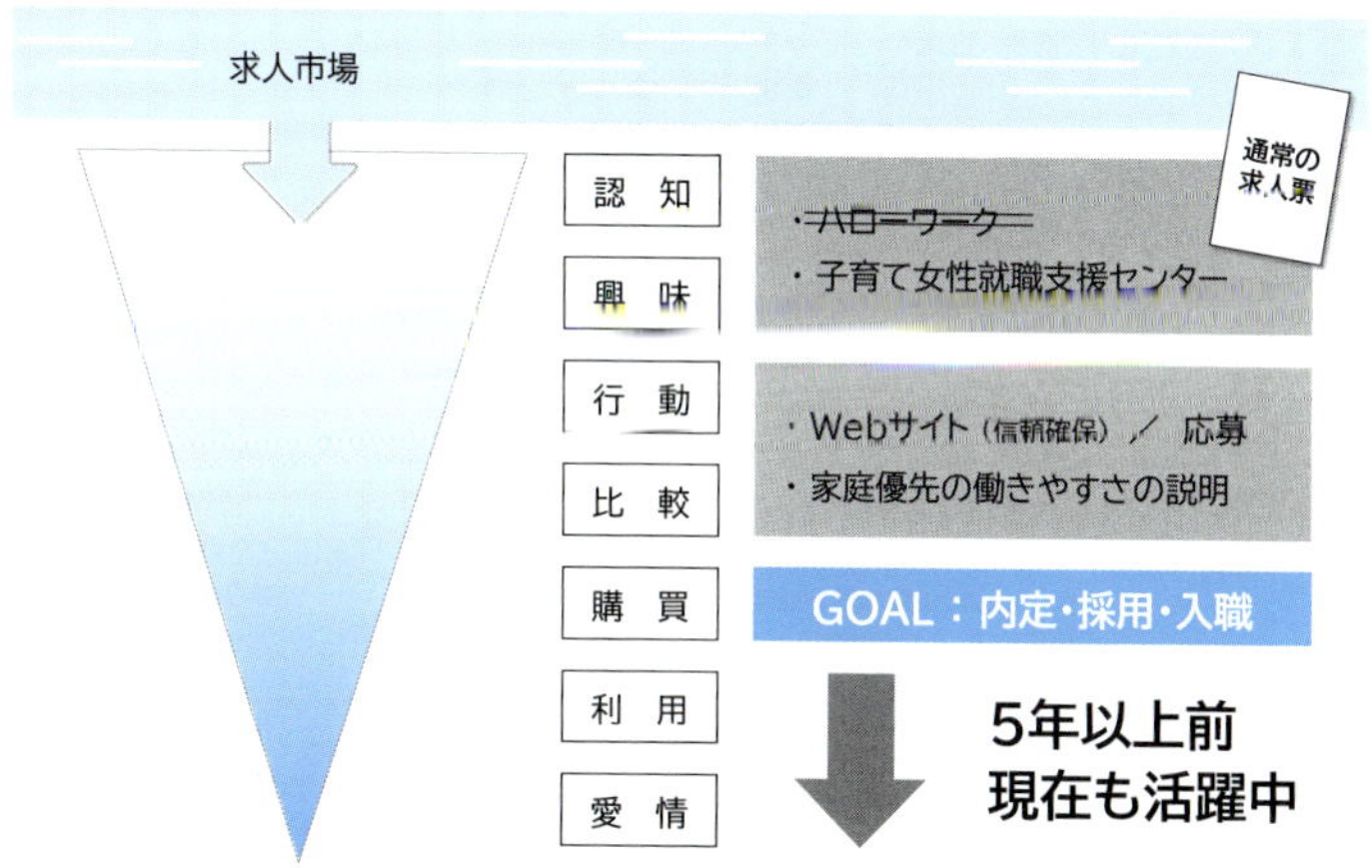

佐藤義典著『図解 実戦マーケティング戦略』P.97の図を参考に筆者が事例をあてはめた

地域の求人情報誌、公の機関であるハローワークも1つの市場と考えることができます。

もちろん、狙うターゲットや採用戦略によって、狙う市場……つまりどの川から水を引いてくるか変わります。

今回のケースでは、有料の求人媒体は使っていません。無料で掲載できる「ハローワーク」や「Indeed」についてもターゲット外の人材も多いため、あえて使わなかったそうです。無料とはいえターゲットではない人材が多い媒体では、仮に応募があっても書類選考や面接に手を取られてしまうためで

図8−13　求人票にコンセプトを反映

本求人を株式会社パソナに依頼いたします。

尚、本求人のホームページへの掲載について、☐ 希望します。 ☑ 希望しません。

貴社名　[redacted]　ご担当者名　[redacted]　様　依頼日

1）メール本文にて内容確認のご返信をいただける場合はご署名は不要です。

2）メールでのご返信が難しい場合、ご署名の上、担当コーディネーターまでお渡しください。（FAX可）

【[redacted]県】子育て女性就職支援センター事業（職業紹介業務受託会社：株式会社パソナ）

e-mail ：[redacted]kosodate@pasonacareer.biz ／ FAX ：[redacted]

求　　人　　票

企業名	[redacted]ホウリツジムショ [redacted]法律事務所	業種	サービス業（他に分類されないもの）
所在地	〒[redacted]	電話番号	[redacted]
部署名	担当者様 [redacted]	e-mail	[redacted]
URL	[redacted]	FAX	[redacted]
事業内容	[redacted]を中心に弁護士サービスを提供している事務所です。相続や交通事故、借金問題や離婚問題といった個人案件から、中小企業向けの法務サービスを提供しております。		
会社特徴	30代から40代のメンバーが中心で、幼稚園、小学生の子どもを持つ親もいます。子どもが熱を出したりしたときには、朝に連絡をして当日休みをとることができます。また、メンバーに臨床心理士もいますので、子育てに関する相談などもできたりします。子育てしやすい職場環境をめざしております。		
資本金	円	従業員数	全体 6 名／勤務地 名
設立年月	[redacted] 年 2 月	定年制	☐ 有 歳（勤務延長 歳） ☐ 無（再雇用 歳）

募集職種	事務業務　年齢	年齢制限理由	
雇用形態	☐ 正社員　☐ 契約社員　☑ パート　☐ その他	試用期間	☑ 有 3 ヶ月 ☐ 無
雇用期間の定め	☑ 有／ 1年 ☐ 無　契約更新の可能性 ☑ 有 ☐ 無	試用期間	時給900円
必要な資格及び経験	弁護士・司法書士・社労士・税理士・行政書士等の事務所で勤務経験ある方歓迎	業務内容	事務業務
勤務地	〒[redacted]	学歴	不問
交通アクセス	☐ 地下鉄 ☑ JR ☑ [redacted] ☐ [redacted] 駅・バス停名：[redacted]	徒歩	3 分
職務内容	ワード・エクセルを用いた弁護士事務の補助業務、データ入力等	※センター入力欄	
就業時間①	10:00 ～ 16:00　就業時間に関する特記事項：就業時間・出勤日については、柔軟に対応いたします。扶養の範囲内での勤務希望にご対応いたします。	時間外	☐ 有（月 時間程度） ☑ 無
就業時間②	10:00 ～ 13:00	休憩時間	60 分　採用人数 1 名

省略

拡大

30代から40代のメンバーが中心で、幼稚園、小学生の子どもを持つ親もいます。子どもが熱を出したりしたときには、朝に連絡をして当日休みをとることができます。また、メンバーに臨床心理士もいますので、子育てに関する相談などもできたりします。子育てしやすい職場環境を目指しております。

す。応募が多ければ良いというものでもないのです。

設定したターゲットに一番出会いやすいと判断した「子育て女性就職支援センター」だけに求人票を提出。さらに、ウェブ掲載は行わずに、窓口で職員さんに紹介された方のみを受付する徹底ぶりです。

定型の書式で特徴を打ち出しにくい「求人票」にもコンセプトが反映されています。図8－13の上から6段目「会社特徴」の欄には、「創業○年」「○○業界でシェアNo.1」などのお客様にはさほど関心のない売り手目線の特徴だったり、「フラットな人間関係」などの具体性のない特徴が書かれていることが多いのですが、この法律事務所の場合は違います。

「子どもが熱を出したりしたときには、朝に連絡をして当日休みをとることができます」と、明記してあり、家庭を大切にできる職場環境を探しているママさんの興味を惹くには十分ですね。

窓口で求人票を紹介され、自分の目的（ニーズ）にぴったりの求人条件に興味を持ったお客様は、応募し選考に進みます。

この時に、お客様の頭の中には「本当に家庭を大切にできる職場環境なのか？　求人票に書いているだけで、実態は違うのではないか？」など、不安や疑問もあるでしょう。

面接やインターンの際には、その疑問や不安に対して「客観的な事実」として根拠を伝えることができなければ、信じていただけずに辞退されるかもしれません。そこで働くかどうかは本人の自由なので、選考している側といえど、選考されている側でもあることを忘れてはいけません。

今回のケースでは、職場内で同僚ともギスギスせずに、ストレスなく子どもを理由に欠勤・遅刻・早退できる仕組みと風土の根拠を伝えることができたので、求職者側も安心して即決されたのでしょう。

求人難でも集客戦略を使って最良の人材に出会える

A法律事務所代表Nさんに感想を聞いてみました。

久野さんに「マーケティング戦略思考を教えていただいた際に「これは人材採用でも使えるのでは？」と思いました。すぐに実践してみたところ、ほんの数日でドンピシャの理想的な方からの応募があり、採用に至りました。5年以上経った現在でも活躍していただいています。

それまでは条件を上げても良い人材の応募がなく、応募があってもミスマッチで、書類選考や面接の手間ばかりかかり、困っていました。我々のように、人事担当者がいるわけでもなく、教育にコストを割ける訳でもない零細事業者は、採用活動やトレーニングに力を入れるほど、本業を圧迫し利益率を落として

しまいます。ピンポイントで即戦力を採用できるなら、それに越したことはありません。

世の中には、転職エージェント、採用サイト構築、職業体験イベント、職場紹介の動画制作などの「採用ビジネス」も盛んですが、そもそも「誰のどんな目的（ニーズ）に対して、どんな強みを活かして採用活動を行うのか？」という本質的なことからスタートできるかどうかで、成果も変わるのではないでしょうか。

人材採用も集客と同じ原理で考えれば、無駄な打ち手を打たずにすみます。戦略5原則と7つのマインドフローを上手に活かして、コンセプトを明確にして、漏れを防げば、お金も人も限られている事業所でも、最短で理想の「お客様」に来てもらえるのです。

謝辞

最後までお読みいただきありがとうございました。

本書は僕自身も含めて、資本力や知名度、華やかな経歴や権威性のある大きな実績もない99・9％の市場の弱者に向けて書きました。2018年に考案した戦略5原則は、最近では初めてお会いした会社の方からも「YouTubeを見て社内で活用していま す」とご報告いただくことが増えてきました。とてもうれしく思います。著作権を遵守していただければ、本書特典のワークシートはコンサルティングなどのビジネス支援の現場で活用していただいて構いません。やさしいマーケティング戦略思考が多くの個人事業主や中小企業で実践活用していただけることを願っています。

出版にあたっては、ストラテジー&タクティクス株式会社の佐藤義典先生に最大の感謝を申し上げます。佐藤先生の著書との出会いがマーケティングの基礎教養の普及を目指す原点となりました。本書にて先生が考案されたシンプルで実践的な理論「プロダクトフロー」および「マインドフロー」の引用をご快諾いただき、心より感謝いたします。

また、本書のワーク解説および事例掲載を快諾していただきました「Everyday PILATES!」の箕田泉さん、「個別指導塾オール4」の岡田将治さん、「LWF自宅教室経営スクール」の志村美妻さん、「Body Labo らくなり」の兼岩孝さん、A法律事務所代表Nさん、コダマ健康食品株式会社さん及び通信販売部の溝上裕貴さんにも深く感謝申し上げます。本書ではすべてのお名前を掲載できませんが、個別にご支援させていただいているお客さまや研修・セミナーを受講された皆様にもお礼を申し上げます。

そして、本書を世に出すにあたりご尽力いただきましたフォレスト出版と関係者の皆様、企画と編集を担当していただいた水原敦子さんにも感謝いたします。

最後に、妻と子、両親にも感謝を伝えたいです。僕の初の著書となる本書が世に出るまでには、家族の支えなくしてはあり得ませんでした。いつもありがとう。

本書の内容が読者の皆様のビジネスや人生を、より自分らしく楽しく進むための一助となりましたら、これほど幸せなことはありません。皆様のご繁栄を心より願っています。

令和6年8月吉日

久野高司

著者プロフィール

久野高司（ひさの・たかし）

みんなのマーケティング代表、株式会社KACHI取締役
1984年北海道生まれ、京都育ち、北九州市在住。

専門は資本力やブランド力のない市場弱者のための戦略的マーケティング。これまで個人事業や小さな中小企業を中心に約3,000件200業種の支援を行い、集客・売上UP、利益率向上、顧客層の改善、業務効率化等をサポート。数多くの支援の中で「小さな会社の経営に必要なのは、専門的なマーケティング手法よりも、基礎的なマーケティング戦略思考の理解である」という考えに至る。

現在は講師業、教材制作、DX支援、企業内マーケターOJT事業、Web制作会社など複数の事業を行いながら、社会人の基礎教養としてのマーケティング戦略思考の普及を目指し活動中。

個人・中小企業のためのマーケティングの基礎が学べる「日本一やさしいマーケティング基礎講座」は累計6,000人以上が受講。

直感的に分かる図解、専門用語を使わず自分事化しやすい解説、独自のフレームワーク・戦略5原則が好評。企業研修や各種団体でのセミナー、経営スクールでの登壇も多数。